スコアの半分以上は
技術以外の要素で決まる

優勝請負人
キャディが教える

ゴルフ格言

SHUFUNOTOMOSHA

はじめに

1996年にプロキャディとして活動をはじめ、今年（2025年）で節目の30シーズン目。歳を重ねたこともあって徐々に数は減っていますが、これまで男女合わせて毎年37試合くらいでプロのバッグを担いできました。スタートから数えると1000を超える試合に参加させてもらっていることになります。ともに仕事をさせていただいた選手の数は、正確にはわかりませんが100人を超えると思います。こんなに長く続くなら、ちゃんと数えておけばよかったと後悔しています。

とはいえ順風満帆だったわけではありません。

最大のピンチはコロナ禍。ゴルフトーナメントはのきなみ中止となり、仕事の場を失いました。そんな中、三密を回避できてストレス解消につながるゴルフが注目されました。

仕事がないからと悶々としていても、なにもはじまりません。いい機会になるかもしれないと思い立ち、アマチュアゴルファーのラウンドをお助けする活動をはじめました。

技術的なことは教えられなくても、コースマネジメントやクラブマネジメント、プロがどんなことをやっているのかを伝えるのはお手のもの。参加していただいたアマチュアの方から大きな反響をいただきました。

そこで気づいたのは、プロにとっては当たり前のことを、アマチュアの方がやっておられないこと。それもお伝えすればすぐに実践できることがたくさんあったのです。

本書は、アマチュアの方とのラウンドを通して気づいたことを、過去の著書に新たな構成を加えて紹介しています。すぐ頭に入るよう、導入には格言的な言い回しを使いました。

セルフプレーが定着したゴルフ。プレーヤーにはキャディ的な思考が不可欠になっています。そもそも、キャディ的な思考がないために、スコアが伸び悩んでいる方がとても多い。知っておくだけでスコアがよくなることはたくさんあります。本書でそれを感じていただき、ラウンドに反映させてください。練習に時間とお金を費やすことなくスコアアップできるでしょう。

清水重憲

もくじ

第1章 ミスしたあと、すぐに思い出したい格言

第2章 ショットを打つ前に役立つ格言

第3章 迷ったときに効く！ マネジメントの格言

第4章 グリーン上で欠かせないパットの格言

第5章 ラウンド前に知っておきたい格言

序章

全ての
アマチュアゴルファーに
贈る格言

全てのアマチュアゴルファーに贈る

格言 1

プロのゴルフは安全運転、アマチュアは無謀運転

アマチュアの方には、プロがすごくアグレッシブにプレーしている印象があると思います。私もプロの世界を知るまではそう思っていましたが、大きな間違いでした。

プロキャディになって気づいたことは、**プロゴルファーは安全運転を心がけている**ということ。強い選手ほど安全運転に徹し、若手や優勝経験のない選手のほうがガンガン攻めます。それに輪をかけて攻めるのがアマチュアです。トップアマは別ですが、アベレージゴルファーはおしなべて攻める。私自身もそうでした。

では、なぜ安全運転のプロがスコアを伸ばせるのかといえば、**安全の延長線上で勝負をしている**からです。たとえば、比較的安全な位置にピンがあるときや、グリーンが柔らかめで止まりやすいなど、条件が整ったときだけデッドに狙う。残り距離によっても狙うときがあります。ピンまでの距離が番手の距離とバッチリ重なっているときだけ積極的に狙うのです。

とはいっても、**狙うのは8番アイアン以下**がほとんど。7番以上になると狙う人は少ないと思います。ときたま4~5番アイアンでグリーンセンターに乗せ、悔しそうな顔をするプロがいますが私は「あれ、演技やな」と思っています。プロは見せるのも商売。駆け引きも必要ですから、本当のところは納得のグリーンオンだと思います。

よーし！
PAR 4
350y No.3
ドライバーで真っすぐいったら突き抜けるなぁ～
よし
左のコーナー狙いだな
そうだねつかまらずにスライスしても大丈夫そうだし
ピ
バサ
ザ
げ
あっ
ダフッ
2人ともやっちゃいましたね
ミスしてスライスの想定だったら初めからドライバーでなく
200ヤードのクラブで打てばよかったのでは？
清
でも、それだと2打目の距離が残っちゃうかと…
200ヤード打って残りが150 Aさんのいう方向に打ってもせいぜい10ヤード短くなるくらいです
清
150ヤードと140ヤード上手く打てる確率はあまり変わりませんよ
そうかあ～
それなら何も際どいところを狙う必要なんてありません
ここはプロでも安全運転で200ヤード先のフェアウェイに置きます
2人は無謀運転なんですよ！
はい！

むしろプロが心底悔しがるのは、残り距離と使用番手がバッチリ合い、ピンも狙える位置にありながらミスしたとき。絶好の場面でミスが出ると、プロもさすがにショックを隠せません。

でも、攻めても安全なシチュエーションでそうなっている限りは、大ケガになりません。バーディはなくても楽々パーで上がれる。だからアマチュアのようにスコアを落とすことがない。多少の精神的ダメージはあっても、肝心のスコアは無傷のまま。決して後退しないのです。

〝ゴルフはミスのスポーツ〟と言われますが、まったくそのとおり。相手は自然なので、自分ではどうにもならないことばかりです。完璧な手応えのショットを打ったのに、キックが悪くて池に入れば結果的にはミス。そこに打った自分のせいです。本当の意味でそれがわかっていれば、安全運転が基本中の基本であることは自明の理。だから**いいスコアで上がろうと思うプロほどセーフティ**なのです。

私が一ゴルファーとしてプロから学んだのは〝ここぞ〟というときこそ安全に行くべきということ。ミスを最小限に抑えて上がったプレーヤーが最終的にトップになる。ゴルフってそういうものなんです。

全てのアマチュアゴルファーに贈る

格言 2

ラッキーもアンラッキーと同じ数だけやってくるアンラッキーでもクサるな!

ゴルフは不公平なスポーツです。たとえばスタート時刻。他のプレーヤーが回っていない早い時刻のスタートなら、きれいなグリーンでプレーできます。これに対し、スタートが遅いとグリーンは荒れ、風も出てきます。季節や出場者数、天候などによっては、遅い組がその日のうちにラウンドを消化できない、いわゆるサスペンデッドになる可能性もあります。そうなると翌日に早起きし、18ホール以上を消化しなければなりません。予選の1日目と2日目でスタート順をそっくり入れ替えるとはいえ、条件が同じになるわけではありません。

勝つには実力が必要ですが、どんな選手もラッキーとアンラッキーに翻弄《ほんろう》される。ボールが跳ねた方向、落ちた場所、風などによって状況がガラッと変わってしまうのです。

私もキャディ人生で数々のラッキーとアンラッキーに遭遇してきましたが、その結果、ひとつの答えにたどり着きました。それは**ゴルフそのものがラッキーとアンラッキーでできていて、ラッキーとアンラッキーは同じ数だけやってくる**ことです。

アンラッキーばかり気になるのは記憶が強烈だから。そのため引きずって、またアンラッキーに遭う。途中にラッキーがあっても、嫌な記憶が重なって「何でオレばっかり……」となり、悪循環にハマって自滅してしまうプロもいます。

とあるホールのティショット
あ〜やっちゃったかぁ！
アンラッキー
ボールボール…
あ！
おお前が抜けてるからグリーン方向に打てるわ
ラッキー
別のホールにて
おーっ
ナイスショッ!!
NO. 4
3打目地点へ行くとボールはディボット跡に。
完璧なショットだったのにコレって最悪……
アンラッキー
で、大ダフリ
あ゛あ゛…
ボッ
また別のホールにて
げっトップ…
ぴ。
アンラッキー
ガシャン
カコンッ
ラッキー
こうしてラッキーとアンラッキーが交互に起こりながら
ヒュ
フク〜
え〜！
ガンッ
ラッキー
アンラッキー
やれやれいいのやら悪いのやら
ふ〜
でも終わってみたらスコアはまあまあ
スコア
そうなんですゴルフってラッキーとアンラッキーでできている
必ずどっちもあるから一打ごとに一喜一憂しないことです
なるほど〜

反対にラッキーはすぐに忘れます。忘れるどころか、気づかない人も多い。ティショットがラフに行ったけどグリーンを狙える。林の中に入ったのにスタイミーじゃない。ひどいミスショットだったけれどフェアウェイにある。些細なことかもしれませんが、これってみんなラッキーなのです。

トップレベルのプロは、このあたりの受け取りができているように思います。ディボット跡の横にあるボールを見て「入らなくてラッキーだったね」みたいな言葉が出てくる人は、やっぱり強い。もし次のショットでミスしても「さっきがラッキーだったから仕方ない」と割り切れます。するとアンラッキーを引きずらず、次のラッキーも感じることができるのです。

キャディとしてそれを口にすることもあります。「乗らなかったけど、あの深いラフでボールが見つかったのがラッキーだったんで仕方ないですよ」という感じです。アンラッキーな目に遭っても、こんな言い方をすればプロも落ち込みません。もちろん、素直にそう思えない場面も多々あります。でも、ラッキーに気づかないままアンラッキーを忘れないでいたら、決していい方向には回っていきません。

全てのアマチュアゴルファーに贈る

格言 3

残り距離だけ見てクラブを選ぶとミスになる

プロの練習ラウンドで把握しておくべきことは大きく2つ。ティショットの落としどころとグリーンの形状です。みなさんは「グリーンを狙うショットで使う番手の情報が大事なのでは？」と思うかもしれませんが、正直なところ、この類いの情報は試合ではあまり役に立ちません。というのも、試合と練習ではプロの気合いの入り方が違うから。同じ番手で打っても飛距離がまったく違ってしまうのです。

これはプロも承知していること。練習ラウンドなので、前後の進行に注意を払えば2球、3球と打つことができますが、番手を変えて打つことは少ない。せいぜいフェアウェイとラフで飛び方の違いを見るくらいです。

そのあたりの事情を抜きにしてセカンド以降の番手選びについていうと、最低でも2つの要素に気をつけなければなりません。**風とボールのライ**です。

ボールがフェアウェイにある場合、まずは風、次にライの順でケアします。アゲンストでは番手を上げ、フォローでは下げる。横風では打ち出し方向をコントロールしたり、強さによってはドローやフェードで風にぶつけたりすることもあります。

フェアウェイの場合、ライに関してはそれほど問題ありませんが、芝の刈り方によって順目と逆目があります。また、洋芝の場合、フェアウェイでもボールが沈むので注意が必

✕

残り距離だけ見る

○

風

ボールのライ

残り距離

を見る

レーザー式の距離計やGPSなどが普及し目標までの距離が正確に測れるようになった昨今ですが、距離だけでクラブを選ぶのはミスのもと。風やボールのライなど気にすべきことがたくさんあります

要です。選手によってはサンドウエッジ（ＳＷ）をバンスのあるものに替える人もいます。

ボールがラフにある場合は、まずライをケアします。みなさんもご承知のとおり、左足上がり、下がりでは持つ番手が変わります。ロフトが増える前者は飛ばず、減る後者は飛びます。また、ツマ先上がり、下がりでもプロによって持つ番手が変わります。たとえばツマ先上がりでフェースを開いて打つ、手前から転がす、といった攻め方をするなら番手を上げる必要が出てきます。

ラフで一番難しいのはフライヤーの計算です。判断基準となるのはクラブヘッドが入るかどうか。ボール手前の芝に、ある程度隙間があってヘッドが入ればフライヤーし、密集していて入らないようならしません。というかボールが飛びません。

芝自体が重い洋芝は、そもそも飛ばないので関係ないですが、コーライはライがいいとフライヤーしないこともある。クリーンにボールだけ打ててしまうのです。正直、フライヤーについては、するかしないかがわかるかどうか。女子はほとんどしませんが、男子プロは１５０ヤードをピッチングウエッジ（ＰＷ）やＳＷで打つこともよくあります。

アマチュアゴルファーは残り距離だけを見て使う番手を決めがちですが**「ボールのライ↓風↓残り距離」の順に見て選ぶ**のがプロの常識です。

全てのアマチュアゴルファーに贈る

格言 4

強いフォローの風でも飛ばないことがある

ゴルフは自然との戦いですが、自然はあまりに偉大なので戦っても勝てません。風はその代表で、**ケンカするより友だちになるのが正解**です。

風が強いときに高い球を避けるのはセオリーですが、それはアゲンストのときが多いです。ただ、フォローでも避けなければならないことはあまり知られていません。

〝ダウンウインド〟と呼びますが、フォローの状況下ではボールが風に追い落とされることがあります。残り140ヤードからフォローを計算してピッチングウエッジで打ったところ、120ヤードも飛ばなかったことが実際にありました。

もっとも、明らかに強いと感じる風でないとダウンウインドにはなりません。この場面でも、通常8番アイアンのところを2番手下げたわけで、かなり吹いていました。プロとも相談しましたが、このようなときは1番手下げ、ハーフスイングで対応するしかない、という結論になりました。

逆にアゲンストでは、ボールがなかなか落ちてきません。強いほど上空でホバリングしたような状態になってからストンと落ちてくる。バンカーに落下すると目玉になる確率が高いので、オーバー覚悟で打つなど思い切った対策が必要です。

キャディをやりながら注意していると、風が呼吸をしていると感じることがあります。

強いフォローの風でも
飛ぶときと飛ばないときがある

アマチュアの方はそれほど気にしませんが、風はプレーに大きく影響します。強いフォローの風ではボールが飛ぶのが普通ですが、強さ次第では飛ばなくなることもあります

完全無風はすごく少なくて、強弱を繰り返し、向きも変えながらつねに吹いている。アゲンストからフォローになることもまれにあり、これが一番わかりやすい呼吸です。

自然に呼吸をしていることもあれば、周囲の地形によって不規則な呼吸を強いられていることもあります。いわゆる風が〝回っている〟状態です。

たとえばグリーンの奥が山で囲まれていると、フォローでも風が山に当たってグリーン上だけアゲンストになることがあります。これだけは長年キャディをやっていても判断するのが難しい。こんなときこそ、外していいところに外すように打ってもらうマネジメントのしどころです。

強弱で言うと、誰でも感じられてショットに影響するのは、風速で言うところの3〜4メートルの風。やっかいなのは1〜2メートルの風で、どこから吹いているのかはもちろん、吹いているのかいないのかさえわかりません。

こんなときは、事前に調べておいた風向きに基づき、同伴競技者を含めた選手のショットがどれくらい飛んでいるかを見て判断するしかありません。毎年同じ時期に開催されているトーナメントでも、その都度感じる風が違ったりするのです。

全てのアマチュアゴルファーに贈る

格言 5

目の前の1打は、次の1打のためにある

プロの練習ラウンドでは、まずティイングエリアに立ってホール全体を眺めてから距離をチェック。プロの飛距離を考えつつ「あのあたりが落とし場所かな」とアタリをつけてから打ってもらいます。

ティショットの落としどころは、2打目をイメージしてアタリをつけます。グリーンを狙いやすいところに落としどころを設定するわけですが、ティイングエリアで想像した景色と2打目地点に行って見た景色が違うこともよくあります。想像したとおりの景色ならそのままでいいですが、違っていたらメモしておきます。

とはいえ、そこが狙い目としてベストではありません。風などの自然条件、あるいはプロの調子によってベストの場所は変わるからです。ですから、そこで全てを決めるのではなく、余裕をもって判断するように心がけています。

次のショットに何ヤード残すかも大切です。距離の長いパー4であれば迷わずドライバーということが多いですが、短いパー4だと残りの距離を計算してティショットの番手を決めます。たとえば、ドライバーで打てばピンまで残り60ヤードだとしましょう。アマチュアの方から見れば2打目が楽に思えますが、プロにとって60ヤードは半端で難しいことが多い。ピン位置がグリーン奥なら手前から転がせますが、ピンが手前でバンカー越え目の前の1打は大事ですが、なぜ大事かと言えば、その結果次第で次の1打が楽になるから。プランどおりにゲームを運べるからと言ってもいいでしょう。次の1打を考えることが、目の前の1打を成功に導くとも言えます

目の前の1打 ＝ 次の1打のためのもの

とかになると寄せるのが難しくなります。無理をするとバンカーに落としかねない。落とせばさらに難しい寄せになります。

そのリスクがあるなら、**微妙なコントロールショットではなく、フルスイングできる距離を残したほうがいい**。あえてティショットでグリーンの100ヤード手前に運ぶというマネジメントのほうがバーディをとりやすいのです。

『全英オープン』ではタイガー・ウッズがドライバーを一度しか使わずに勝ったことがありますが、あれはポットバンカーに入れないための方策。また、スピンが少ない長めのクラブでセカンドショットを打ったほうが手前から転がしていける、という全英独特の攻め方でもありました。短いクラブだとスピンがかかりすぎて寄らないこともある。そういったことを考慮した攻め方だったのです。

また、ホールによっては、飛びすぎると木や林がスタイミーになって次打が狙いにくくなることも多々あります。こうなりそうなホールではドライバーを使わず、3番ウッド以下のクラブで打ってもらってベーシックな攻略法を決定します。

こう見てくると、目の前の一打はつねに次の一打のためにあることがわかります。ゴルフとはそういうスポーツです。

全てのアマチュアゴルファーに贈る

格言 6

スコアの半分以上はスイング以外の要素で決まる

ゲームの勝敗に影響する要素はいくつもありますが、ざっくり言うなら、ゴルフのレベルを含めた**スイングや調子が50％、マネジメントが40％、残りの10％が運**という感じだと思います。ここで言うマネジメントとは、コースマネジメント、クラブマネジメント、セルフマネジメントなどを総合したものです。

コースマネジメントはカップから逆算する形で行いますが、日本のゴルフ場は手前から攻めるのが定石。手前にミスするぶんには何とかなっても、グリーンをオーバーするとどうにもならないことが多いからです。

そのうえでまず、そこに向かって打ちやすいポジションにあたりをつける。もちろんフェアウェイが一番ですが、フェアウェイでもどこが一番広いのかを見て、その中でなるべくピンを狙いやすいポジションを見いだします。ティショットの番手を決めるのはそれから。距離が長くても、ドライバーだと落としどころが極端に狭い、あるいはドッグレッグで突き抜けてしまいショートカットも無理、といったホールでは3番ウッド（3W）を選択することになります。

我々アマチュアはもっと柔軟に考えたほうがいいかもしれません。3Wではなく、ショートウッドやユーティリティで打つことも考えてみる。3Wに比べてクラブ的にも

今日の目標は90切り！
やるぞー
て言う割にボギーオンに徹するねぇ
それじゃ90切れないんじゃね？
あちゃー……
と言ってるオレは果敢にパーオンを狙うもボギー、ダボを連発……
気にせずBはOBとバンカーまで届かないクラブで、と！
パシュッ
ココも刻んで！
迷ったら短い番手で。
ワンピン以内のパット以外はタッチを合わせ
スス
パー3、パー5で4つパーを取りパー4で寄せワンが1回
カコン
カコン
ダボが2つあったものの終わってみればトータル89でギリ90切り達成
おめでとう！
すごい！
89
Bさんいいラウンドでしたね
ナイス！
ハイ！
技術も大事ですがいいスコアを出すには技術よりもゲームプランを考え
それにのっとってできることをやり通すことのほうが大事なんです

やさしいですし、距離によってはティショットとセカンドショットを同じ番手で打てます。ティショットでちょっとミスしても、もう一度同じクラブで打ち直せると考えればアドバンテージになります。

短めのパー4でもそうで、ドライバーでティショットを打ってセカンドが残り50ヤードと、3Wで打って残り80ヤードだったら、プロは後者の攻め方を選ぶ確率が高い。女子ツアーの最終戦『リコーカップ』の17番は短いパー4ですが、ドライバーで打つ人もいれば3W、クリーク（5W）、ユーティリティ（UT）までいます。イ・ボミプロはドライバーで打つと間違いなく残り50ヤードくらいなので、スプーンで80ヤード残していました。

パー5では、コースマネジメントのみならず、クラブやセルフマネジメントも絡んできます。2オン可能なホールでは、置かれている状況によって選手の心が大きく揺れますからセルフマネジメントが不可欠。心が決まったところで、冷静にクラブマネジメントをしなければなりません。**コースマネジメントでどこから打つのかを模索し、決まったらセルフマネジメントで心を決め、クラブマネジメントで使う番手を選ぶ。**さらに、どんなスイングをするかもマネジメントの範疇《はんちゅう》です。

全てのアマチュアゴルファーに贈る

格言 7

「外すところ」を決めてからグリーンを狙え！

セカンドショット以降は、プロもつねにピンを狙っているわけではありません。男子でもピンを狙うのは8番アイアンあたりから。7番以上ではグリーンの真ん中や、ピンが端にあれば広いサイドを狙います。

そうなると**狙いどころ以上に重要なのがグリーンの外しどころ**。グリーンの形状を見ると、外していいエリア、いけないエリアがわかります。たとえばグリーン上にマウンドがあるサイドよりは、平らなサイドのほうに外すのがいい。アプローチの難易度が決定的に違うからです。

プロにこういった情報を伝えておくと、仮に左が絶対にダメという状況なら、絶対に左に行かないスイングをします。そばにいて感じるのは「左（右）はダメ！」という強い気持ちでスイングしていること。我々アマチュアは気持ちで打つわけにはいかないので、左が危険なら右を、右が危険なら左を向いて打つ、となるでしょう。プロに聞くと、平均スコア90前後の人であれば、危険なエリアのほうへ打たなければ、間違いなくボギーで上がれるそうです。

ＯＢやハザードのチェックも怠りません。プロはグリーン周りの深いラフよりバンカーのほうが楽という理由で、バンカーを目標に打つこともありますが、あくまで特殊な状況

グリーンを狙う場合に、まず目に入るのはピンだと思います。続いてピンがどこにあるかを確認してグリーンの広いところを見つける。それに加えて外していいところを見つけておくと想定外のピンチを招かなくなります

での話。**基本的にバンカーは避けるべきハザード**です。

サンドセーブ率（グリーンサイドのバンカーから2打か、それ以下で上がる確率）が70％ならプロでもすごいですが、逆に考えると10回バンカーに入れたら、うまいプロでも3回はボギー以下になるということ。実際、サンドセーブ率が70％台になることはほとんどなく、プロの平均でも50％台くらいだと思います。そうなると2回に1回はボギーですから、絶対に避けるべきハザードなのです。

プロでもそうなるのは、バンカーでは素振りができないから。ラフなら深くても素振りで芝の抵抗を体感できますが、それができない。また、バンカーでは打つ前に足場を固めますが、気をつけないと足の動かし方でペナルティをとられることもあります。スコアを落とす危険をはらんでいるので、入れるべきではないのです。

加えておくと、バンカーは砂が硬いか柔らかいか、サラサラかざらざらかなど、砂質によってハザードとしての難易度が変わってきます。柔らかくてサラサラ系のバンカーは平均的に難しい。クラブヘッドは入るものの、抜けにくいからです。アプローチ練習場で事前に砂質を確かめておき、柔らかかったら徹底して避けるくらいの覚悟が必要です。

全てのアマチュアゴルファーに贈る

格言 8

パットには流れを変える力がある

トーナメント上位者のコメントを読むと、10人中10人が「パットが良かった」と話しています。それから察すると、**優勝やそれに迫る成績を残すのに絶対必要なものがあるとすればパットであり、それを含めたショートゲーム**だと思います。

振り返ると、田中秀道《たなかひでみち》プロ、谷口徹《たにぐちとおる》プロ、上田桃子《うえだももこ》プロらが勝ったときは、ショートゲームのミスがありませんでした。ピンに絡むスーパーショットより、チップインやナイスパットが多いほうが、いい結果につながっていました。チップインできるのもパットがいいからこそ。そこそこのところに運べればカップインの計算が立つからです。不思議なもので「5メートルくらいに乗せておけばいいや」という余裕があると5メートル以内に寄る。それで得た最高の結果がチップインです。

パットの重要性はそれだけにとどまりません。これまでいろんなプロとのラウンド体験を積んできましたが、パットが悪いとショットまで悪くなるパターンが多かった。でも、パットが良ければ、当初ショットが悪くても、だんだん持ち直してくることがよくありました。これはプレー全体の流れを左右するリズムが、パットによってできているという証拠。**パットのあとには必ずティショットを打つのですから、パットの良し悪しがショットに影響することは明らか**なのです。

う〜ん…
ここはカップから2m以内に寄ればOK
12m
距離だけしっかり合わせるぞ
カッ
すコロコロ
カコン
おお、ナイスパー!!
いやぁマグレマグレ
次のホールにて
オナー行きます!
カキューン
トーントントン
どーしたの急に
絶好調じゃん!
ありがとう
バーディパットは外れるもパーパットはタップインで楽々連続パー
カラン
なんか急にリズムが良くなったね!
ホント不思議!
長いパットがスコンと入ったり難しいラインを読み切れたりすると……
気分がいい!
ね!
その流れでティショットを打てるとプレーにどんどんリズムが出てきます
パットには流れを変える力があるんです

グリーンまではミスだらけでも、パットがスコンと入っただけで次のホールにウキウキの気分で行けます。ティショットものびのび打てることでしょう。

つまり、**パットには流れを変える力がある**ということ。ドライバーのような飛び道具で流れは変えられないのです。

プロはパットの重要性を痛感しています。1～2時間平気でパットの練習をしていられるのもそのため。パターマットを持って転戦しているプロもたくさんいます。持ち歩かないまでも、ホテルの部屋でボールを転がしている人は多い。2014年の「日本プロ」で優勝した手嶋多一《てしまたいち》プロや藤田寛之《ふじたひろゆき》プロは、クラブセットはキャディに預けても、ウエッジやパターだけは自室に持って帰ります。

これは我々アマチュアも見習うべき。毎日練習場に行くのは難しくても、パター練習なら家で手軽にできます。毎日できなければ1～2日おきでもいいでしょう。

ショットは練習しても急激に精度が上がりませんが、**パターは転がせば転がすだけ精度が上がり、上手くなれます**。ショットや飛距離はプロの真似ができなくても、パットなら真似できます。本気でスコアアップしようと思うのなら、流れを変える力があるパットの練習をするべきなのです。

第1章

ミスしたあと、すぐに思い出したい格言

ミスしたあと、すぐに思い出したい

格言 9

朝イチのミスは自分のせいにしない

朝イチのティショットは、その日のゴルフに影響を与えやすいショット。プロも同じで、朝イチショットの前はかなりドキドキしていると聞きます。

でも、とても緊張しているようには見えません。方向を見定めてアドレスに入り、いつもと同じリズムで平然とティショットを打っています。緊張感をやわらげるために特別なことをやる人は目にしませんが、ほとんどのプロが共通してやっていることはあります。**いつも同じルーティンで朝イチショットを迎えることです。**

まず、プロは絶対に練習をします。ショット、アプローチ、パターの順に練習するのがオーソドックスなスタイル。女子では最初にパットをやり、ショットやアプローチを練習して再びパットで締めるパターンも多いです。練習は基本的にはウォームアップやタッチを見るといった意味合いが濃いですが、選手によってはラウンドを想定して朝からしっかり打ってくるタイプもいます。

いずれにしても**練習してからスタートまでの時間が空きすぎると練習の意味がなくなるので、そうならないようにスタート時間から逆算して練習します。**特に冬場は体が固まってしまうのでペース配分に気を使います。プロにもよりますが、長くても練習を終えてから30分以内にはスタートしたいところ。普段あまりプレーをしていないアマチュアの方な

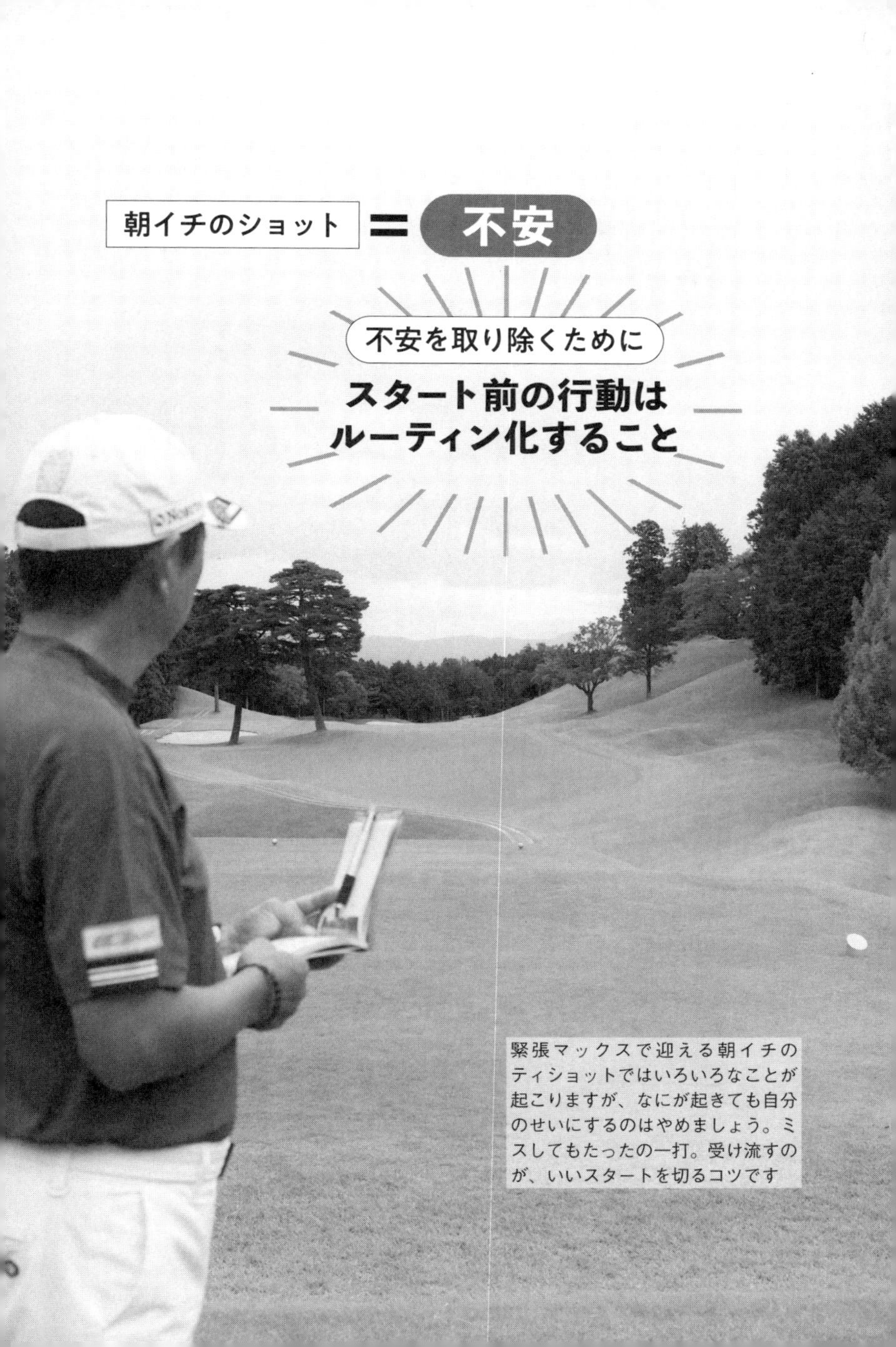

朝イチのショット ＝ 不安

不安を取り除くために

スタート前の行動はルーティン化すること

緊張マックスで迎える朝イチのティショットではいろいろなことが起こりますが、なにが起きても自分のせいにするのはやめましょう。ミスしてもたったの一打。受け流すのが、いいスタートを切るコツですら、もっと間隔を縮めたほうがいいと思います。

ティショットの落としどころは練習ラウンドでわかっているので、そこを目がけて打ちますが「だいたいあの辺」という感じで目標をゆるく設定し、朝イチからシビアに行かないようにしています。ミスすることもありますが、そんなときはいろんな理由をつけて、プロが自分やスイングのせいだと考えないようにします。たとえば練習から時間が空きすぎたとか、練習を終えるのが早すぎたとか、ちょっと曲がったくらいなら急に風がきたとか、とにかく**自分のせいにしないこと**。

これは朝イチのティショットに限った話ではありません。現実的にはスイングがよくなくても、**ラウンド中はスイングのせいにしないことが大事**。〝ゴルフはメンタルスポーツ〟と言われますが、スイングのせいにしないで回っていると、だんだんよくなってくることがあるのです。

私は韓国の女子選手についたときに「ゲンチャナヨ！」という言葉を使います。日本語で「大丈夫！」というかけ声ですが、調子が上がってこないときに何回も繰り返しているとショットがよくなります。みなさんもミスは気にせず、心の中で自分を励まし続けてください。スイングがよくなってきます。

ミスしたあと、すぐに思い出したい

格言 10

ジャッジミスと技術のミスを混同するな！

ラウンド中のプロのストロークはすべてメモをとり、データとして蓄積します。私がやっているのは、1ラウンドを前半と後半の9ホールずつに分けて分析する方法。前半はティショットがどれだけフェアウェイキープしたか、パーオンは何度か、何パットで上がったか、といったデータをとります。すると、たとえば前半でパーオンが少なければ、ピンを狙いすぎた、ショットの調子が悪かった、といった原因がある程度わかってきます。それを踏まえて対策をとると、ボギーのリスクを回避できてスコアがまとまってきます。

様子見に9ホールも費やすの？　と思う人がいるかもしれませんが、それより少ないとデータ不足で説得力がありません。3ホール終了時点でパーオンが1回でも、残りが全部パーオンするかもしれない。それに4日間戦う前提なら、初日の前半9ホールは全体の8分の1。時間的には十分に間に合います。

ミスジャッジも有効なデータになります。トッププロと私が揃ってミスジャッジをするのは相当なこと。プロも私も納得のショットだったのにオーバーやショートすれば、その理由は絶対に追求しなければいけない。ガッカリしたり怒ったりするヒマはなく、そのデータをどう解釈して次のプレーに生かすかが急務です。

アマチュアの方の場合は3ホール程度でその日のゴルフの方向性を決めなければなりま

残り
130ヤード
フェアウェイの
絶好のライ
9番
よーし
ふんっ…
あ
ダフッ
なんで
こんな
いいところで
ダフるかな〜
めっちゃ力が
入ってたよ
右肩が
下がってたよ
えっ
え？
そうなの
かなあ
こう…
いや
こうか？
…はっ
ぬっ…
ゴルフにミスは
つきもの
ミスのたびに
スイングに
手を入れていたら
収拾がつかなく
なりますよ
清
反省するのは
いいですが
次のプレーに
引きずらない
ことが
最優先です！
気持ち
切りかえましょ

せんが、絶対にやるべきなのは、**ミスの原因がジャッジにあったのかショット（技術的な面）にあったのかを見極めること。**その判断が難しいというのなら、まずは犯したミスをしっかり受け入れましょう。でないと、ジャッジとショット、どちらが悪いのかを冷静に見極められません。

ミスの原因が技術面にあったのならラウンドで直すのは難しいかもしれませんが、ミスジャッジならその後のプレーにすぐ生かせます。調子がよくて飛びすぎたのなら番手を下げればいいし、ナイスショットしたのに飛ばないのなら、自分のコンディションや天候に左右されている可能性があります。それがわかっただけでも、その後のラウンドが変わってくるはずです。

プロでも同じ理由で飛ぶ日と飛ばない日があります。クラブを替えるとしてもせいぜいワンクラブ程度ですが、アマチュアゴルファーは2クラブ替わっても普通。驚くかもしれませんが、決して珍しいことではないのです。7番アイアンで150ヤード飛ぶと思っている人も、体調や季節、あるいは標高によって飛距離はまるで変わります。このようにミスの多くはジャッジによってもたらされているのです。

ミスしたあと、すぐに思い出したい

格言 11

トッププロでも1日2個はボギーを打つ

プロはつねにナイスショットを打っているイメージがありますが、本人が100％納得できるショットは1日1回あるかないか。ですから、必ずしも納得のショットがなくても勝つことはできます。

単純計算ですが、男女とも1日4個バーディをとったらトップグループ。4日間競技なら4×4で16アンダーですから、ほぼぶっちぎりです。逆に考えれば、**トッププロがどんなに頑張っても1日平均で3～4個しかバーディがとれない**ということでもあります。

一方で、**トップレベルのプロでも1日2個はボギーを打つ**というデータもあります。1日2個ボギーを打ち、バーディは3～4個しかとれない。つまり最低でも1日1～2アンダーで回っていればゲームに勝つチャンスはあるということです。

もちろんあくまで平均値で、バーディ合戦ともなればあてはまらない試合もありますが、おおむねトーナメントは、こんなふうに淡々と進んでいくことがほとんど。1日1～2アンダーと聞くと「え、プロなのに？」と思う人がいるかもしれませんが、4日間を通すとこんな感じ。いかにミスをせず、取れるところを取っていくかが勝つための条件になります。

もうひとつ条件があるとすれば相手をどう意識するかです。

スタートホールから2連続パー
3連続いったる！
それから4ホールはボギーで
うーん…
7ホール目にはダボ
前半上がり2ホールはボギーで8オーバーの44
スタートはいい調子だったのになんでかなあ
あぁ〜
確かDさんの目標は90を切ることですよね？
はいそうです
だったらちょっと自分を買いかぶりすぎているのかも
でもダボは悔やまれますよ
なにいってるんですか
プロだって1ラウンドで2個はボギーを打つんですよ
90切りを目指すDさんがハーフでダボ1個なんて上々ですよ
そんなもんですかねぇ
事実ハーフで44後半も同じように回れれば90切りです
たしかに…！
自分のスコアを正当に評価しないと足元を掬われます
どっさり
さあ後半もがんばりましょう！
わかりました！

優勝争いがプレーオフになり、1対1のマッチプレーのような状態になった場合は、相手を見ながらプレーをします。相手がミスをしたら無理をせず、こちらから仕掛けないのが基本です。

しかし、トーナメントでは大抵、相手が目の前にいません。最終日、最終組で回っても、同組に相手がいるとは限らず、とんでもないところから刺客が現れることもありますから、相手が見えないとすごく戦いづらくなります。

こんなときは、まずハーフターンくらいまでは状況を見守ること。そしてある程度相手が絞られてきたら、そこを意識しながら戦います。

ただし、ターゲットとなる相手が、自分より前の組で回っているときはどうしようもないので、今できるベストのパフォーマンスをしてもらうしかありません。

プロには相手やスコアを気にせずプレーしてもらいながら、その都度置かれたポジションをつかみ、状況に即した攻め方を選択する。キャディとして一番難しさを感じるときです。残念ながらベストのパフォーマンスをしても優勝できないことはあります。でもそれは、間違いなく次の勝ちにつながる戦い方なのです。

ミスしたあと、すぐに思い出したい

格言 12

スコアは見ざる、聞かざる、言わざるがベスト

ゴルフはスコアを争う競技ですが、トーナメントではそれがやっかいな存在になることがあります。スコアを争う以上、気にしないわけにはいかない。でも、気にすれば心を乱すかもしれない。スコアをどう扱うかは選手が決めることですが、一緒に戦っている身として気が気でないときがあることも事実です。

もし、優勝争いをしているプロに「スコアを見ながらプレーしたほうがいい？」と聞かれたら、迷わず「見ないほうがいいです」と答えます。これは他のプレーヤーのスコアを含めてです。

人のスコアを見てもどうにもなりません。全身全霊をかけて戦っている状況で、人のスコアを気にしてもいいことはありません。リードしていればビビるかもしれませんし、相手が思ったよりスコアを伸ばしていれば「追いつけない」と思ってしまうかもしれない。スコアを気にするのはキャディだけで十分。「自分がしっかり見ていますから、気持ちよくプレーしてください」とプレーに集中してもらいます。

そもそもプロは「アンダーで回ろう」くらいのイメージはもつようですが、カッチリ目標スコアを設定することは少ない。調子がよくなるほどスコアは見なくなり、途中で「ああ、これくらいなのか」という感じでチェックし、終わってみたら「あれ、今日7アンダー

スタートから2ホールでダボ、トリ…
今日はもう終わったな
はあ…
まあまあそんなこと言わないで
今に始まったわけじゃなし
慰めてる割には一言多いな
やけくそだ!! 次のホールからスコアつけるのやめた!
カキューン
よし!
カラン
気付けば44でハーフ終了
今日は終わったという割には44でボギーペースじゃない
え、ホント!?
後半は同伴プレーヤーのスコアもつけずにやってみたら
なんと6オーバーの42とベストスコアを更新!
いったいどーなってんの!?
スゲー
いやスコアを考えないでやっただけなんだけどね
ナイスプレーです!
良くも悪くもスコアはプレッシャーになります
ならばいっそのこと考えずにプレーするのも手なんですよ!
清
そういう手もアリなんだ!!

だったの！」みたいなことがよくあります。いいときって、いわゆる〝ゾーンに入っている〟状態なんでしょうね。自分でスコアをつけていながらそうなる選手さえいます。そういう人は、意識することなく1ホールごと区切って考え、プレーに集中しているのでしょう。

我々アマチュアは、いいスコアのまま残り3ホールくらいになると、スコアを意識するあまり緊張して叩いてしまうことがあります。でもプロは逆で、調子よくきた上がり3ホールは、ほとんどスコアの意識はないようです。3ホールくらいは終わってからつければいいので、自分のスコアをつけないことさえある。そういうときは、十中八九いいスコアで上がってきます。

プロでさえそうなのですから、**アマチュアが意識したらメンタル的に乱れる可能性がすごく高い。特に上がりのホールで叩きやすい人は、残りの3ホールくらいはスコアをつけずにプレーしたほうがいいかもしれません。**

スコアが悪ければイヤですが、いいスコアでも居心地が悪くなって落ち着かなくなります。双方を防ぐという意味では〝見ざる、聞かざる、言わざる〟がいい。スコアを申告し合うのをやめてプレーしたら結果が違ってくると思います。

ミスしたあと、すぐに思い出したい

格言 13

リズムが悪くなったら何かを口に入れる!

ゴルフとリズムは切っても切れない関係。いいスコアで回っている人はリズムよくラウンドしています。ゴルフはリズムのスポーツと言ってもいいかもしれません。

同時にリズムは危ういものでもあります。同じリズムでスイングしているつもりでも変わっていることがある。歩く速さやプレーのリズムも同様です。ショットやパットが悪くなるときは、必ずと言っていいほどリズムが早くなります。ゆっくり打って調子を崩す人はまずいません。

リズムが早くなっていることに気づいたら、すみやかに元のリズムやペースに戻さなければいけません。放っておけばゲームの流れまで変わってしまう。トーナメントで戦っていると、こういうことがしょっちゅうあります。

リズムを落ち着かせるのもキャディの役割のひとつです。そうなったら、**まずは目先を変えます**。何気なくボールを取り替えたり、グローブを替えたりする。これを敏感に察知して自ら気をつけるようになるプロもいます。

何かを食べるのもいい方法です。こんなエピソードがあります。ある女子トーナメントの最終日。同組の3人ともスコアが悪く、重苦しい雰囲気でした。「流れを変えなあかんな」と思ってタイミングを計っていたら、ちょうどバーディを取りやすいホールにきました。

調子が悪いときはリズムを崩しているもの。落ち着かせるには目先を変えることです。簡単なのは、ガムを噛んだり、お菓子を食べるなど、何かを口にすること。キャディバッグに忍ばせておくと役に立ちます。特にチョコレートはおすすめ。疲労回復に即効性があります

ゴルフ ＝ **リズムのスポーツ**

リズムが悪くなったときの対処法

↓

ボールやグローブを替える

何か食べたり飲んだりする

アマチュアのみなさん
キャディバッグに
軽い食べ物を
入れておくと
いいですよ
FIDRA

ティショットは3人ともフェアウェイキープ。「ここや！」と思ってみんなに、「バーディ・チョコレートいうの知ってる？　食べるとバーディとれるんやで！」と話しました。3人は口を揃えて「いいオジさんがなに言ってる！」みたいな感じで笑いましたが「ホンマにとれるんやで」と言って持っていたチョコを食べさせました。すると、本当に3人ともバーディをとったのです。

ちなみに、韓国の女子プロのキャディをする場合、1時間に1回は何かを食べさせるようにと言われます。そんな一面を見ると、選手の育成については一日の長があるのかなと思います。

男子プロの場合、途中で何かを食べるのは少ないですが、最近は結構やっています。悪かったホールのあととかも流れを変える意味で有効です。私はコーチではありませんが、相性の悪いホールやアドレスがとりにくいポジションでのショットをメモで振り返ると、絶対にリズムが早くなっている。そんなときに、ちょっと間を置く意味で口にしてもらうといい感じになります。

みなさんも、**ラウンドのお伴に、軽い食べ物を携行することをおすすめします**。何かを口にすると気分が変わる。リズムを取り戻すにはもってこいです。

ミスしたあと、すぐに思い出したい

格言 14

我慢していれば必ずご褒美がもらえる!

プロも調子がいいとき、悪いときがあります。調子がいいときは放っておいてもいいショットを打ち、スコアも伸ばしてくれます。そんなとき、キャディは邪魔をしないのが一番。空気みたいになり、流れを妨げないようにします。ネガティブなことは口にせず、かといって必要以上に盛り上げることもしません。

反対に調子が悪いときは考えることがたくさんあります。特に女子は男子に比べると、コンディション的に波があるのでその見きわめが大切。悪いときに周りがガーッと言うと、かえって悪影響を及ぼすので、盛り上げたりたしなめたりして雰囲気が悪くならないようにします。

プレー面で言えば、自然と安全に行くようになります。たとえばティショットでは、セオリーどおりにその日のピン位置と反対のサイドにボールを運ぶ。ピンが右サイドなら左サイド、左サイドなら右サイドにティショットを打っていくということ。それが反対方向に飛んでしまうようならメンタル的にも問題があるかもしれないので、さらに目標設定をゆるめます。フェアウェイなら大成功、２打目をグリーン方向に打てればＯＫというところまで下方修正することもあります。

やることをやっているにもかかわらずスコアに結びつかないときは、**スコアを気にしな**

たまのラウンドで調子が悪いと気分が沈みますが、そこはジッと我慢する。スコアは気にせず１ホール、１ホールを着実にクリアしましょう。キレたらそこで終わり。我慢の先に必ず光明がさすのがゴルフです

調子が悪いとき
前のホールのことは忘れる
1ホール1ホール着実にプレーしていきましょう
キレたらアウト！このホールはきっといいことある！と思っていきましょう
HONMA
TEAM TOUR

いで回るのも手です。スコアは覚えておくだけで、つけないくらいでもいい。ほとんどのプロはそうしているうちに調子を取り戻してくれます。「我慢していれば必ずご褒美がくる」ことが多いのです。ラウンドも終わりごろにやっと調子が戻っても時すでに遅しで予選落ちしてしまうこともありますが、必ず次の試合に生きてきます。

アマチュアゴルファーも同じだと思います。たまにラウンドするときに調子が悪いと気分が滅入りますが、そこでもがいても深みにハマるだけです。

そんなときは**悪くても気にせず、1ホールずつクリアするしかありません。前のホールでいくつ叩いても関係なし。**そのホールそのホールで完結するようにラウンドすると、終わってみたら4～5オーバーみたいなこともある。1ホールで8とか9を叩き、諦めムードでラウンドしたら、叩いたのはそのホールだけだった、ということがあると思います。大叩きしても「自然を相手にしているんだから上手くいくことのほうが少ない」くらいに考えていれば、意外と形になってくれるものです。

叩いたからといってそこでキレたら、ラウンドが終わったときに絶対に後悔します。プロは後悔するラウンドはしません。後悔するほどのラウンドになると反省することができないので、その後の上積みも望めないからです。

ミスしたあと、すぐに思い出したい

格言 15

最後の最後に頼れるのは自分の感性だ

プロが勝つには欠かせない要素がたくさんあります。ラウンド中にキャディがプロに提示するデータもそのひとつ。ピンまでの距離、風向き、強さ、風の重さ、ピンポジション、グリーン上でのライン取りなど、キャディはデータを集めて分析し、いつでもプロに伝えられるよう準備していますが、データに対するこだわりは人それぞれです。たとえば上田桃子プロはデータ重視派。細かい数字を頭の中にインプットしてからショットやパットに臨みます。谷口徹プロはあまり情報を入れたがらないタイプ。データについて聞かれることはほとんどありませんでした。

どんなタイプの選手でも、**最後にモノをいうのは自身の感性**です。データは所詮、プロの感性を引き出すツールに過ぎません。考えてもみてください。100ヤード以上も先にある小さなカップに打っていき、至近距離に乗せるのはとてつもなく難しいことです。でも調子が良ければ、プロはこともなげに寄せてくる。これは感性のなせる業以外の何ものでもありません。

データを重視するプロもいますが強い人は感性が鋭い。松山英樹《まつやまひでき》プロや石川遼《いしかわりょう》プロはもちろん、みなさんが名前を知っているようなプロは、みんな素晴らしい感性の持ち主。自分の感性を生かせるプロだけが上にいるのだと思います。

トッププロはみな素晴らしい感性の持ち主。難しい状況から難なくチャンスを作るのは感性のなせる業だと思います。プロはみんな高い技術を持っているので差が出るとすればそこ。それも勝負どころでそれを発揮できる人が強いのだと思います

最後に頼れるのは
自分の感性

プロテストに受かっている人を練習場で見ていると、例外なくみんな上手です。「150ヤード打ってくれ」と言えば、ちゃんとそこに打てます。問題はコースに出たとき、試合に出たときに同じように打てるか？　そこを左右するのが感性なのだと思います。そういう意味では、ツアーとは感性を競う場なのかもしれません。多かれ少なかれ毎ショット感性が必要。コンディションが悪ければそれも発揮できません。むしろそういうときこそがキャディの腕の見せどころ。プロの中には「今日は勘が悪いからデータ頼りでプレーする」と言ってデータをもとに無難にスコアをまとめる人もいます。

でも、やはりまとめるところまでで、勝敗を争うところまではいけません。プロはデータ過多になると、かえってビッグスコアが出ない。そう、プロは感性で戦い、キャディはデータで戦うのです。

レベルは違いますが、アマチュアとて感性がないと上手くいかないと思います。プロみたいにデータを出してくれるキャディがいるわけでもない。クラブだって自分に合っているかわからないのですからなおさらです。そう考えると、まともにゴルフをしようとしたら、みなさんのほうがずっと大変なのかもしれません。

ミスしたあと、すぐに思い出したい

格言 16

感性とはイメージする力

プロの感性や勘、集中力とはいかなるものなのでしょうか？　私の経験からすると、プロの感性がもっとも発揮されるのはグリーンです。

パットでは必ずラインがあります。キャディはプロと一緒にラインを読みますが、どれだけ入念に読んでも正解は得られません。グリーン面は思いのほかデコボコで真っすぐ転がらないし、風や湿気などの影響も受けます。打つほうもつねに一定の強さでインパクトできるわけではないからです。不確定要素にまみれていますから10メートルのパットを入れるのは無理。ワンピン以内でさえ困難で、2メートルをワンパットで沈める確率はプロでも60％程度です。しかし、そんな世界でもプロのパットはカップに向かっていきます。超ロングパットも、スネークラインも、ワンパット圏内に寄せ、カップインすることもあります。

難しいラインを沈めようと思ったら、ラインを消したり、逆に強さを加減してふくらませるなど、オリジナルのイメージ力が必要になると思います。**「感性とは何ぞや？」という問いに答えるとしたら、ひとつはイメージする力**だと思います。

プロはショットを打つ前にもラインを読む際にも「ボールの飛び方や転がり方をイメージする」と言います。そして、より明確にイメージできたときほど、いい結果になるとも

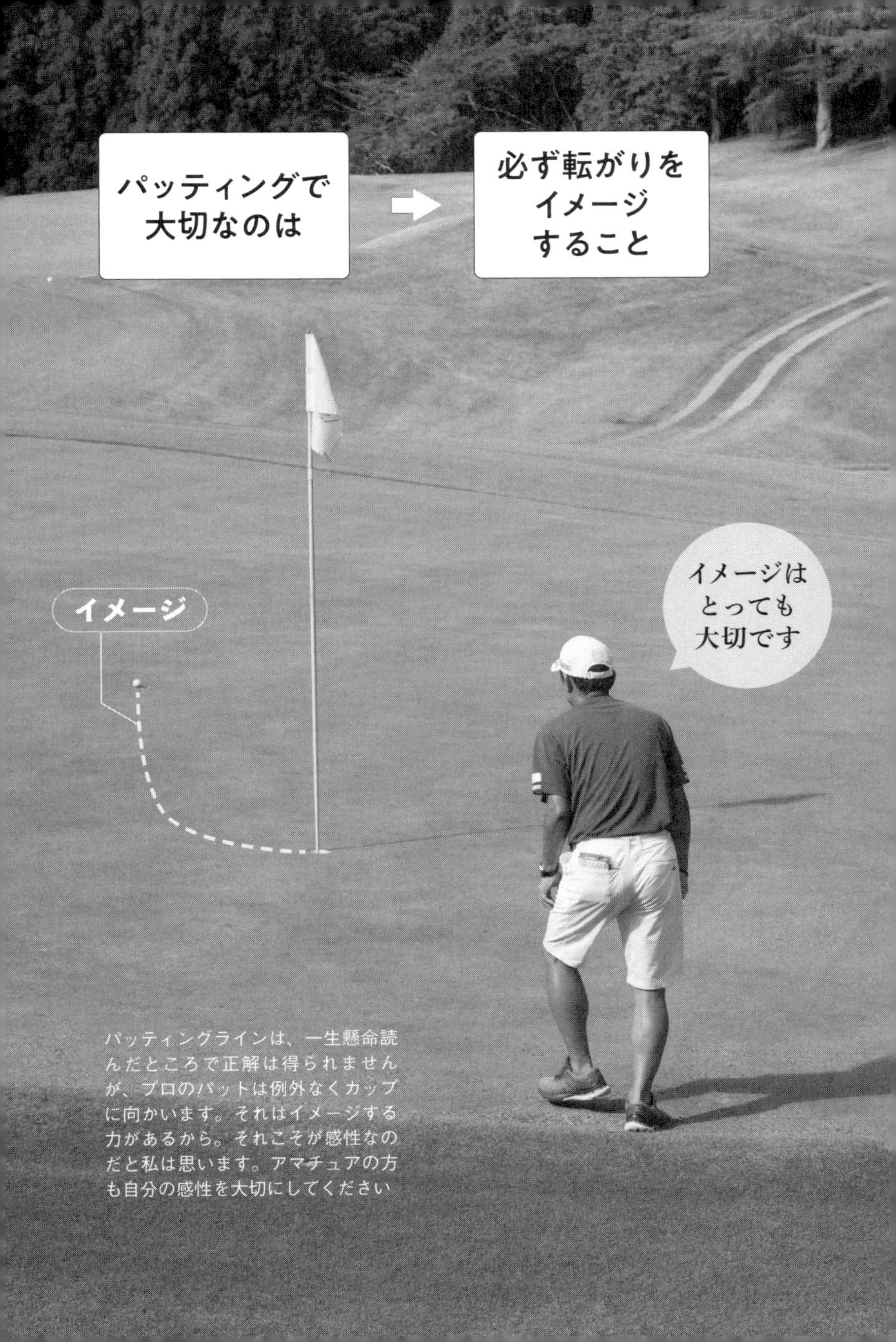
パッティングで
大切なのは
必ず転がりを
イメージ
すること
イメージ
イメージは
とっても
大切です

パッティングラインは、一生懸命読んだところで正解は得られませんが、プロのパットは例外なくカップに向かいます。それはイメージする力があるから。それこそが感性なのだと私は思います。アマチュアの方も自分の感性を大切にしてください

言っています。また、打つ前に頭に描いたイメージを口に出して言う練習法も効果があると聞きます。おそらく、イメージすることが感性を刺激し、感性を表舞台に立たせる効果があるのでしょう。

いずれにしても、プロの感性は私の持っているデータを軽々と超えていきます。プロを見ていると「これは入りそうだ」みたいな雰囲気を感じることがよくあります。なぜかはわかりませんが、谷口徹プロや田中秀道プロと仕事をさせてもらっていたときは、そんな感じが次々とやってくるラウンドが何度かありました。いわゆる〝ゾーンに入った〟状態。イメージと現実のギャップがなくなった状態がゾーンなのだと思います。

プロほどではないにしろ、アマチュアにもそれなりに調子がいいときがあると思います。そんなときはいいイメージが持続しているに違いありませんが、アマチュアは自らブレーキをかけがち。スコアが悪いときと同様に、良すぎるのも居心地が悪いからです。気持ち悪いほど調子がいいとき、もし私があなたのキャディだったらこう言います。「いいんじゃない、今日はイケイケで！」。

第2章

ショットを打つ前に役立つ格言

ショットを打つ前に役立つ

格言 17

ティアップする場所は足場のよさを優先する

すべてのショットの中で、誰もが平等かつ、もっともいい条件で打つことを許されるのがティショット。ですが、その権利を利用しきれていないアマチュアの方が多いようです。すなわち、いいアドレスができていないということです。

たとえばティアップする場所。ルール上、左右は2つのティマーカーを結ぶラインの内側、後方はそのラインから2クラブレングス以内であれば、どこでもティアップできますが、適当にティアップしている人が多い。

その結果、芝がきれいなところにティアップして、スタンスがディボット跡になったり、傾斜がついたところで構えてしまうこともあります。

もちろん、自分の持ち球によってティアップする場所を工夫することもできます。なのに、適当にティアップして、打ちづらいと感じても、面倒くさがってそのまま打ってしまう。**狭いエリアでも、打ちやすいところと、そうでないところが必ずあるので、それを見きわめるべき**だと思います。

プロの場合、ティアップする場所を気にする人と、大して気にしない人がいますが、ディボット跡や窪みのあるところなど、足場の悪いところでスタンスをとる人はいません。窪んでいるところはもちろんのこと、目土された場所の上にも立ちません。砂の上だと、た

×
足場がボコボコ
ティアップ位置は
ボコボコでも足場が
よければいい
○

ティアップする場所は多少デコボコでもいいですが、スタンスは平らなところに。左右はティマーカーを結ぶラインの内側、後方はそのラインから２クラブレングス以内ならどこでもOKなので、極力足場のいいところを探しましょう

とえ平らでもスイング中に足を滑らせてしまうかもしれないからです。

また、意図してフェードやドローを打つときや、ボールを打ち出す方向に木の枝など気になるものがある場合は、それらを考慮してティアップする場所を決めます。

一般的には、フェードならティボックス（ティアップできるエリア）の右端にティアップしてボールの左寄りに打ち出し、ドローを打つ時は左端にティアップして右寄りに打ち出すとボールを広く使えるといわれていて、そのようにティアップするプロもいます。

さらに、打ち出し方向によっては、ボールはティボックスの中にティアップし、自分はティボックスの外に立つこともあります。ボールさえ定められたエリアにあれば、自分はどこに立ってもいいからです。いずれにしても､プロは持ち球や打ちたい球、あるいはターゲットなどに合わせてティボックスをめいっぱい広く使っているのです。

ショットを打つ前に役立つ

格言 18

打ちたくないところは見ない。打ちたいところだけを見る!

ティショットを打つ前にはホールを見渡します。ＯＢエリア、池やバンカーなどのハザード、林など、打ってはいけないところも見ると思いますが、アマチュアの方の場合、せっかく見ても対策をとる人は少ない。結果的に避けたはずのエリアに打ったり、ハザードにつかまることが多いのではないでしょうか。

「打ってはいけないところを見るのはいいが、そのまま打つとそこに飛びやすい」とプロはいいます。見ると意識がそこに向き、逆に行きやすくなるのだそうです。

これを防ぐには、向きを変えるくらいでは不十分。そこまで届かないクラブを使うといった対策が必要です。プロは、打ってはいけない場所を順位づけしています。大まかにいうと**「ＯＢ→池→バンカー→ラフ」**の順。打ち込んだら無条件で罰がつくところは絶対にダメ。バンカーもハザードですから基本ＮＧです。これらが勢揃いしているティショットでは、ラフでも致し方なしという狙い方をします。

打つ前には「打ちたいところ」を明確にします。ＯＢやハザードは無視し、打ちたいところだけを見ます。弾道のイメージ作りも大事です。アマチュアはティアップの高さやスタンス幅、ボールとの距離やスイングなどに気を取られ、どこにどう打とうかを決める作業がないがしろになりがちです。

ティショットを打つ前にOBやハザードを確認してもいいですが、アドレスに入るタイミングではそれらを意識から消して、自分が打ちたいエリアや目標だけを見ましょう。打ちたくないところが意識にあると、そこに飛びます

本来はこれがないとアドレスできませんが、目先のことを気にすると視野も狭まるため、ティマーカーだけを見てアドレスしやすくなります。2つのティマーカーを結ぶラインに対してスクエアに立とうとするわけです。その場合、このラインがフェアウェイに対してスクエアならいいですが、そうでないとナイスショットしてもフェアウェイに行かない可能性が高くなります。そうなった場合、原因はアドレスの向きにあるのに、アマチュアはすぐに自分のスイングを疑い、スイングをいじって丸一日ダメになることも多いようです。

プロはアドレスの向きをすごく気にします。目標に真っすぐ向きづらい環境にいることで、自分の向きがわからなくなるからです。

そのせいもあるのか、プロにとってティマーカーは〝出べそ〟にならないように気をつけるだけのもの。ティアップしたら必ずボールの後方からターゲット方向を見て、打球をイメージしながら目標を決めます。

この手順でアドレスすると、ターゲットにボールを運ぶ延長線上で構えられるので、アドレスの向きとスイングする方向が一致します。アドレス時もプロの意識はターゲットにある。アマチュアは最後までボールやスイングに向いたままなのです。

ショットを打つ前に役立つ

格言 19

ティイングエリアのディボット跡は成功の一歩！

トーナメントではティマーカーが毎日変わります。カップまでの距離は日ごとに違う。練習ラウンドで基準になる距離を把握し、そこからティマーカーの場所とホールロケーションを差し引きしてなるべく正確な距離を割り出します。

みなさんにも覚えがあると思いますが、パー3のティイングエリアでは、たくさんのディボット跡がついていることがあります。プロの場合、前後のズレはあっても左右のズレはそれほどなく、ディボット跡の方向まで一致しています。これはみんなその位置から打つのが狙いやすいからです。

我々アマチュアがラウンドする場合も、きれいにターフが取れているところは、上手な人が打ったということ。似たような場所にあれば、その付近が狙いやすいラインということですから、ティアップするうえである程度参考になると思います。

ハイレベルな話になりますが、コーライ芝のティイングエリアだと、順目や逆目が入ることがあります。順目であればクラブが抜けやすいので問題はありません。しかし、ティイングエリアは水はけを良くしたり、ボールが上がりやすくなるように、多少左足上がりの勾配をつけているところがあります。特に打ち下ろしのホールは高台から打つことになるため、左足下がりになっていたら先々崩れていく。そのようなところでは、まず間違い

ディボット跡が多いパー３のティイングエリアでは、それを逆手にとってディボット跡を利用しましょう。ディボット跡の手前側にティアップするとクラブが振り抜きやすくなります

なく左足上がりになっています。

水は低いところに流れ、芝目は水の流れに追随します。ティイングエリアが左足上がりだと、アドレス位置から見て左から右へと芝目が流れ、逆目になるというわけです。ティアップして打つとはいえ、パー3でアイアンを使うならダウンブローに打つことが求められます。そこでヘッドが下りる方向の芝が逆目だったらどうでしょう。多かれ少なかれ抵抗がある。ターフを多めに取ろうものなら抵抗を受けます。

そんなときプロは、**ターフが取れているところがボールの前にくる、つまりヘッドが抜ける方向に芝がない場所にティアップします。**こうして逆目の影響を受けずスムーズに振り抜いているのです。そんな細かいところまで気にしているのを見ると「さすがにプロやなあ」と思います。

やってみないとわからないところもありますが、やってみて逆目や左足上がりを実感できれば次からは注意することができます。それ以前に、左足上がりや逆目は、よく見ればわかるもの。これはティイングエリア以外での情報収集にも応用できます。また、ティイングエリアにターフを取った跡がないときは、ティアップを高めにすることで逆目の抵抗を軽減することができます。

ショットを打つ前に役立つ

格言 20

パー5のキモは3打目をいかに楽に打つか

パー5はプロがバーディをとりたいホールです。2オンが狙える距離、もしくはレイアウトのホールなら、セカンドショットでグリーンに向かって打つ距離をできるだけ短くしたいので、ティショットはドライバーでできるだけ飛ばします。

反対に2オンできる距離でも、ティショットの落としどころが狭かったり、打ち込みそうなところにOBエリアやハザードがあれば迷わず刻みます。その際、打っても大丈夫な距離ならば3番ウッドですが、そうでなければユーティリティやアイアンを使います。これはほかでもなく、3打目勝負と割り切っているからです。

実際、**パー5は3打目が重要で、3打目をいかに楽に打つかがスコアを伸ばすポイント**です。2オンしたいのは、もっとも楽でカップインの可能性もあるパターを3打目で使えるから。それが無理なら花道からのアプローチ、得意な距離からのショット、多少距離が残ってもフェアウェイから打つ、というようにいい条件で打てるように狙いを変えていく。もちろんティショットもそれを考慮して打ちます。普通なら、ボールを拭いて置き直すことができるグリーンで打つのがベストです。

あえて〝普通なら〟と断わるのは、プロは必ずしも乗ればOKではないからです。たとえば、二段グリーンの上ってすぐの場所にピンがあったら、下段の手前側にボールがひっ

【例】

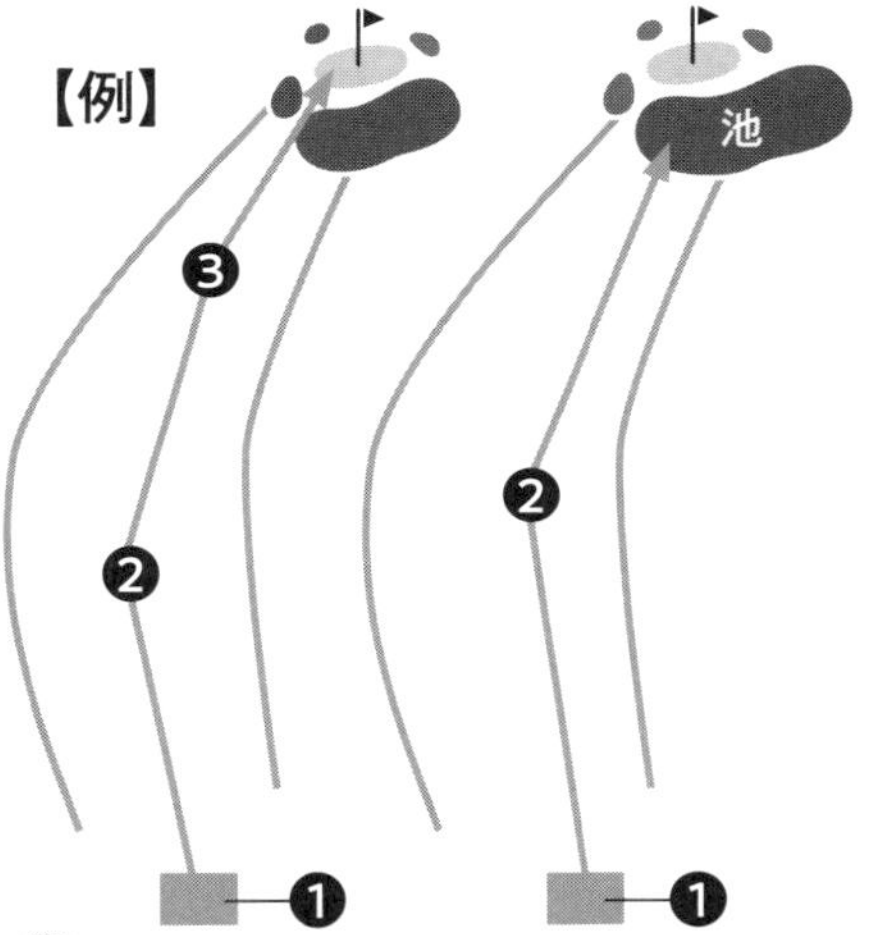

2、3打目を同じクラブで打って池越えのプレッシャーを軽減させる

飛ばしても2打目は長い池越えで2オンは無理。

ホールヤーデージにかかわらずパー5では3打目が重要です。多くのアマチュアにとっては、3打目でいかに乗せやすい距離を残すかがポイント。はじめにそれを考えておくと、ティショットや2打目に必要な番手も決まってきます

かかっているより花道からのほうが寄せやすい。フェアウェイから打つにしても、50ヤードと80ヤード、どちらの距離を残すのがいいかといえば断然後者がいい。ハーフショットになる50ヤードより、フルショットから7割くらいのスイングで打てる80ヤードのほうがスピンが効くので、ピンに付くイメージが出ます。距離は長くても、ボールコントロールがしやすいのです。

アマチュアゴルファーにとってもポイントは3打目です。2オンできないパー5なら、3打目に何ヤード残すかを考えます。もちろん距離だけでなく、どこから打つかも大事。好きな距離を残すにしても、バンカー越えになったらプレッシャーがかかりますし、ラフではどんなライになるか想像がつきません。残したい距離のあたりが打ちにくい状況になりそうなら、あえて少し長めの距離を残したほうがいい場合もあります。

いずれのケースでも3打目だけを考えればいいわけではありません。そこに運ぶためには2打目をどこから打つか、そして、それにはティショットをどこに打つのがベストなのかを考える。本来はこれがゴルフのマネジメントです。そう考えると、全てのショットで、どこに打ち、どの番手を使うかが、自ずと決まってくるのです。

ショットを打つ前に役立つ

格言 21

風の把握でスコアは3打変わる

アゲンストの風のもとでショットするときは番手を上げると思いますが、アマチュアの方は1〜2番手上げるのがせいぜいです。その結果、極端にショートしてグリーン手前のバンカーや池に入れたり、大きく曲げたりします。こうなるのは風の読みもさることながら、**番手による風の影響や、球質の特性を理解していないから。**番手についていえば、短いほどボールが高く上がってアゲンストの影響を強く受けますから、風の強さによっては大幅に番手を上げなければなりません。また、アマチュアの方はスライスしやすいですが、スピンがかかった球はアゲンストに弱いため、想像以上に風の影響を受けます。

プロがアゲンストで気にするのは飛距離とボールの止まり方です。飛距離については番手を上げますが、風が強く、かつグリーンに近いほど2番手、3番手と上げていきます。短い番手ほど球が上がってアゲンストの影響を受けるからですが、プロのボールはしっかりスピンがかかるため、より押し戻されやすい。特に男子プロは、この傾向が顕著です。

ボールの止まり方も考慮すべき要素です。アゲンストだとボールの勢いが殺がれますから、グリーンでボールが止まりやすい。強風下やグリーンが軟らかいとランが出ないこともあるので多角的にジャッジして番手や打ち方を決めるわけです。

風はアマチュアのみなさんにもチェックすることをおすすめします。コースによっては

マスター室で
聞いて
全体コース図に
風の向きを
記入しておく

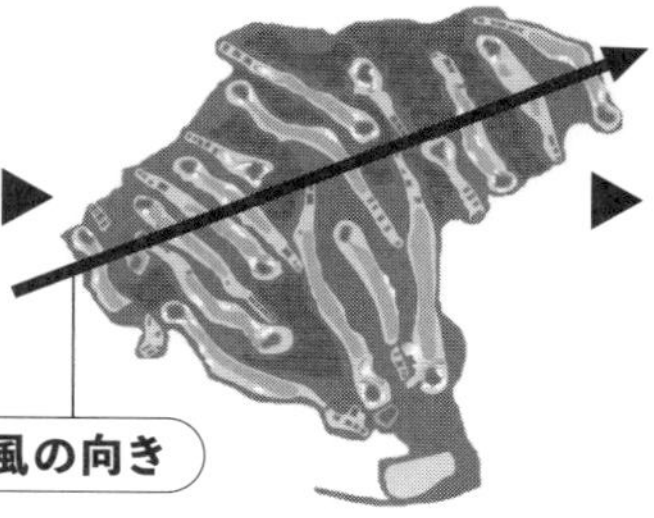

1ラウンド
2～3打
スコアアップ

アマチュアの方は風がある状況でクラブを１～２番手上げ下げするのがせいぜい。風の強さを感じることも大事ですが、番手によってボールがどんな飛び方をするのかまで考えてクラブを選ばないと思わぬトラブルを招きます

スコアカードの裏側にコースの全体図が描かれています。マスター室やキャディに尋ね、全体的な風の流れをコース図に書き込んでおくといいでしょう。打つ前にどちらから風がきているのか迷うことがありますが、そんなときにこの書き込みを見直して、明らかに違うときだけ読み直せばいいのです。

これは私の考えですが、**風を正確に把握するのとしないのとでは1ラウンドで2～3打は変わってくる**と思います。少なくとも1打は絶対に違いますね。

考えてもみてください。ゴルフボールのような小さな物体が空中を高く飛んでいくのですから、風に影響されないわけがない。「ゴルフは自然との戦い」といわれますが、風は一番手強く、しかも頻繁に吹いています。ラウンドでは風以外にも、たくさんのことに気を払わなければなりません。風ひとつについてでも事前に情報を入手しておけば、迷ったり、いい加減に判断を下すのを防ぐことができます。そんな意味でも全体的な風の傾向は把握しておくべき。スコアを減らせるとなればなおさらです。

ショットを打つ前に役立つ

格言 22

2打目以降はまずボールのライを見よ！

風と並ぶ、もしくはそれ以上に大事なのがボールのライです。フェアウェイにボールがあるとアマチュアの方は安心しますが、フェアウェイといえどもボールが沈んでいることがあります。ほぼ間違いなく沈むのは、ベントに代表される洋芝。芝が元気ですぐ伸びる夏場も沈みやすくなります。このような場合には、SWをバンスのあるものに替えるプロもいます。

芝の刈り方によっては、順目と逆目に2分されていることもあります。逆に野芝やコーライ芝ではボールが浮きます。沈んでいるよりは打ちやすいですが、ボールの下に隙間があるため、フェースの上のほうに当たって飛ばなくなる可能性があるので注意が必要です。

季節によってもライは変わります。冬から春先にかけては芝が枯れていたり、生え揃っていないため、芝が地面にペタッとくっついたり、ベアグラウンドっぽいライも出現します。こういったライはプロでも打つのが難しいので、長めの番手で低い球を打ったり、無理にグリーンを狙わないようにしています。いずれの場合も、アマチュアゴルファーは考えずに打ってしまいます。それが想定外のミスを生み、以降のショットまで乱すことがよくあります。

ボールがラフにある場合は、フェアウェイ以上にライのケアが重要です。なにが一番難

ピンまで150ヤードのラフ
ボールは沈んでないから普通に打てそう♪
フライヤーしそうだから8番で手前でもいっか!
と打ったボールはフワ〜っと力なく上がり130ヤードも飛ばず大ショート!
ええ…
あれー全然ショート!
何が起こったの?
打つ前にボールのライをよく見ましたか?
ボールが浮いたラフでした
それでは不十分
Aさんが思う以上にボールが浮いていて
ボールの下にかなりの隙間があったんです
おお
もしかしてだるま落とし!?
パコーーン
そのとおり!!
ヘッドがボールの下に潜ってフェースの上っ面に当たったので飛ばなかったんです
パン
パン
そうかもっとヘッドを浮かせて打たなきゃダメだったんですね
いやいや
その前にライを見極めること
じゃないとどう打とうなんていう発想までいきませんよ
はい次いってみよー!
はい!

しいかといえば、フライヤーの計算です。判断基準となるのはクラブヘッドがすんなりボールに入るかどうか。ボール手前の芝に、ある程度隙間があってヘッドが入ればフライヤーし、密集していて入らないようならしません。後者の場合、フライヤーしないどころでなくボールが飛びません。芝自体が重い洋芝は、そもそも飛ばないので関係ないですが、コーライはライがいいとクリーンにボールだけ打ててしまうことがあり、そんなときにはフライヤーしません。

正直なところ、フライヤーについては、するかしないかくらいしかわかりません。女子はほとんどしませんが、男子プロは150ヤードをPWやSWで打つこともよくありますす。男子プロはヘッドスピードが速くてパワーがあるため、女子に比べてボールのスピン量が多いから。フライヤーすると本来のスピンが解けてしまうため、棒球になってスコーンと飛んでしまうのです。

傾斜によっても持つ番手が変わります。左足上がりはロフトが増えて飛ばなくなり、左足下がりではロフトが立って飛びます。ツマ先上がり、下がりでもプロによって持つ番手が変わります。たとえばツマ先上がりでフェースを開いて打つ、手前から転がす、といった攻め方をするなら番手を上げる必要が出てくるのです。

ショットを打つ前に役立つ

格言 23

夏ラフはハザード。脱出最優先と心得よ！

ゴルフは気候に左右されるスポーツ。日本のように四季がはっきり分かれた国では、暑さ対策と寒さ対策がプレー内容を左右する大きなファクターになります。

プレーに一番影響するのはラフです。夏ラフはプロでも難しく、深いラフからはショートアイアンやウエッジで出すしかありません。プロでもこうですから、アマチュアにとってはトラブル。**「夏ラフ＝脱出」という感覚でいたほうが安全です。**

夏のコースではプレーヤーがいない夕方や朝にたくさん水を撒きます。水をたっぷりもらってお日様の光を浴びると、芝はスクスクと成長します。月曜日にコースをチェックして「今年は意外にラフがないな」と感じても、好天が続くと週末にはヘビーラフだらけ。そのくらい変わるので、夏ラフはトラブルになりやすいのです。

グリーンに関してはやりやすいと思います。グリーンは短く刈り込まれていて、しかも1日中炎天下に晒されますから、朝夕には大量の水分を含ませて保護しなければなりません。昼間が暑いため、乾いてパンパンに硬くなっているように思えますが、あらかじめ水分をたくさん含んでいるので硬くはありません。午後に表面が乾いてくると速くはなりますが、湿気があるので硬くなるわけではない。むしろ春先や秋口など、空気が乾燥してカラッとしているほうが硬さ自体はアップします。芝そのものではなく地面の問題ですね。

「日本オープン」などのメジャーでは、長く伸ばしたラフのためにプロが苦戦を強いられます。夏を挟んだ季節のラウンドはアマチュアゴルファーにとっては「日本オープン」みたいなもの。ラフはハザード。脱出優先でいきましょう

OSP GROUP
FIDRA
夏ラフは
ハザードと
思って対応
芝の抵抗を
考えず、
距離だけ考えて
クラブを
選択すると
大ケガの
原因

ベントグリーンには芝の葉が太い種類と細い種類があります。中でもペンＡ２と呼ばれる種類は、髪の毛のように細くて速い。丈が伸びても上方向だけなので速さが変わりません。これに対し太い芝は朝が速い。刈ってローラーかけたときがもっとも速く、時間が経つと遅くなります。芝が立ってボールへの抵抗が増えるのです。

初夏から夏本番にかけて、トーナメントの優勝スコアはどんどん上がってきますが、これは芝が生え揃って、グリーンが止まるようになるから。女子ツアーの開幕戦は暖かい沖縄が舞台なので比較的スコアがいいのですが、その後、四国、九州と南国での試合になっても、優勝争いは一桁アンダーになることが多い。これは芝が生えきらずグリーンが硬いから。これは我々がプレーする場合にも参考になります。

一方、真冬はボールが飛びません。これは寒さや厚着をすることで体の動きが鈍くなるのが主な原因です。たとえば7番アイアンで１５０ヤードの人なら真冬には１３５ヤードくらいしか飛ばなくなる。**「真冬は10ヤード減」などといわれますが、その見立てだと甘い。ワンクラブ以上変わる**と思っていいでしょう。冬のラウンドはその距離感を早くつかんだ人が有利。プロは必ず朝の練習場でそれを確認します。

ショットを打つ前に役立つ

格言 24

9番以下を使う打ち上げは番手を上げる必要なし

打ち上げでは番手を上げ、打ち下ろしでは下げるのがセオリーと考えている方が多いと思います。基本的にはそれでいいと思いますが、全てにあてはまるわけではありません。短い距離の打ち上げで番手を上げたらオーバーすることがありますし、距離の長い打ち下ろしで番手を下げたら届かなくなることがあります。

打ち上げや打ち下ろしのパー3でショートやオーバーを繰り返すのは、使用番手をマニュアル的に決めつけていることが原因です。パー4やパー5の打ち上げ、打ち下ろしでは細かいことを気にせずに打てますが、パー3となると神経を使います。特に打ち上げではグリーン面が見えないホールではピン位置の確認は必須です。

距離のジャッジについては、ピンまでの距離に打ち上げるぶんをプラスするのが基本。ピンまで130ヤードで5ヤードの打ち上げなら135ヤードという具合です。ただし、9番アイアン以下のクラブで打つ距離では、打ち上げる度合いによって番手が替わることはありません。上げるのはおもに距離が長めのとき。この場合、グリーンに届かせることはもちろん、落ちてからのランの計算もしなければならないので難しい選択になります。逆に打ち下ろしは10ヤードで一番手下げるのが目安ですが、20ヤードで二番手下げることはありません。

第3章

迷ったときに効く！
マネジメントの格言

迷ったときに効く！　マネジメントの

格言 25

ナイスショットの飛距離を基準にするな！

ゴルフでは距離を合わせることがもっとも重要で、〝距離感のスポーツ〟といってもいいくらい。飛ばし屋が有利なのは、パー4の2打目で距離を合わせやすい、短い番手を持てる機会が増えるからです。また、フェアウェイから打つほうがスコアを安定させることができますが、これはフェアウェイからのショットがもっとも距離を合わせやすいからです。ラフから打つと、いいショットでもフェースとボールの間に芝が1〜2本挟まっただけでフライヤーします。でも、フェアウェイならそれはありません。ボールを直接ヒットできるので飛距離の誤差が少ないのです。

はっきりいってアマチュアゴルファーは距離感がアバウトすぎ。愛用するクラブの各番手で打ったときの飛距離を正確に把握していません。プロアマトーナメントでは、お客さんの残り距離を測ってお伝えすることがありますが、大抵の方にはちょっと多めの数字をいいます。プロアマではティショット以外、全員が同じ位置からボールを打つ方式を採用していることが多いですが、そんなときでもプロにはきっちり正確な距離をいいます。ピンまで137ヤードなら137ヤードです。

でもアマチュアの方に137ヤードというと迷うかもしれないので140ヤードと伝えます。ほとんどの人は番手の距離を10ヤード単位で区切っているので、そのほうがすぐに

アマチュアゴルファーの多くは、当該番手で一番飛んだときの距離を番手の基準にしています。それだと大抵はショートします。番手の基準距離は、飛んだときと飛ばなかったときの平均値が適当。もちろん、より正確にわかればそれに越したことはありません

クラブチョイスできます。「短すぎかな？」「大きいかな？」と迷うより結果がいいのです。ただ、大きめに伝えるとはいえ１４５ヤードとはいいません。アゲンストの風を足して１４５あっても、10ヤード近く多く見ることはありません。

このようにする本当の理由は、アマチュアの方が自分のナイスショットを飛距離の判断基準にしているからです。たとえば８番でジャストミートしたときの距離が１４０ヤードなら「８番＝１４０ヤード」となる。でも、基本的にジャストミートする確率は低いですから、少し多めの距離を伝え、それをもとに番手を選んでもらうというわけです。

ツアープロは毎週、練習ラウンドなどで自分の飛距離を測っています。試合の２〜３日前からコースに入り、標高まで考慮して飛ぶか飛ばないか見ています。練習場にも、50、１００、１５０と、正確なヤーデージを示すピンが立っていますから、そこでもショットの距離を把握していきます。もちろん、これはキャリーの距離。ランは地面の硬さによって変わる不確定要素なので、その都度考えないと意味がないのです。

迷ったときに効く！　マネジメントの

格言 26

プレーに一番影響するのは芝だ

日本には四季があります。ゴルフは自然の中でプレーしますから、当然のごとく季節に影響されます。

気温、風、湿度など、いろいろな要素が影響するわけですが、**プレーに一番影響するのは芝の状態です。**

暑い季節は芝が伸び、寒くなると枯れる。これは誰にでもわかることですが、アマチュアの方は無頓着です。グリーンまでの距離が同じラフから、夏でも冬でも同一の番手で打つ。グリーンでもそうです。芝が伸びる夏は、時間の経過とともにグリーンが重くなります。トーナメントグリーンのようにツルツルでないぶん季節による違いは顕著といえます。

プロは季節によって攻め方を変えます。芝が生え揃っていない3月から4月はプロでも難しい。フェアウェイでも芝が薄いところがありますから、ランを意識した攻め方が多くなります。

逆に夏から秋にかけては芝が伸びるため、ラフを避けてコントロール重視の攻め方をします。季節によってクラブのスペックを変える人も多い。プロのゴルフは季節の変化にとても敏感なのです。

迷ったときに効く！　マネジメントの

格言 27

詰まったときこそ
スコアを伸ばす
チャンス！

ラウンド中にコース内で渋滞が発生し、ティイングエリアや2、3打目地点で打つのを待たされることがありますが、**詰まっている裏には必ずといっていいほどスコアメイクに影響するなにかがあります。**

よくあるのはパー3の渋滞。それまでスムーズに流れていたのが、いきなり詰まる。プロのトーナメントともなれば、そのホールのどこかに見過ごしてはいけないなにかがあると考えるのが妥当です。

トーナメントでは3サムで回ることがほとんどですが、たとえば、前の組の3人のうち2人がショートしていればかなり難しいということ。プロですから2人がショートすることはなかなかありません。もしそんな場面に遭遇したら、はっきりとは見えないショートの原因をプロが打つまでに突き止めなければいけません。

このケースで原因として考えられるのは、アゲンストの風が吹いているのにフォローにしか感じない、ピンがすごく難しいポジションにある、あるいは単純に見た目よりも距離が長い、といったことです。

予測を確信に変えるヒントになるのが、前の組のプロが使った番手です。私は一緒にトーナメントを転戦しているほとんどの選手の飛距離を把握しています。もっとも、最近の女

PAR3
169Y
No5
また詰まってる…
今日はハーフ3時間コースだな
昼メシ何食おうかな？
ぐぅ〜
ボクもおなかへった!!
ちょっとみなさん!!
前の組のプレーを見なくていいんですか？
今ならアプローチもパットも見られるのにもったいない
詰まっているとついついだらけちゃって
ですから取りこぼすんですよ
グリーン周りを見ると前の組のアプローチがピンを大オーバー
ああああああ
トンッ
コロコロコロ…
ホラ、
あのアプローチが大オーバーしたのは下りを残したから
あのサイドには外せないってこと
なるほど
外しちゃいけないサイドだけじゃなくグリーンの傾斜までわかるんですね
ここからだったらパットのラインまで見えます
昼ごはんの話をしている場合じゃないですよ
ほんとだー
ホントですね！次回からは双眼鏡を持ってこよ！
パー3は

子は若い選手が次々に出てくるので、全員の飛距離を把握するのが大変ですが、なるべく選手に近づき、飛距離と番手の関係を見たり、キャディ同士で情報交換します。もちろん試合中は聞けませんが。

たとえばジャンボさん（尾崎将司《おざきまさし》プロ）は１７０ヤードを６〜７番で打っていました。ピンまでの距離がそれくらいで、結果的にショートしていたとしたら、ティイングエリアでフォローに感じても、上空は思ったよりアゲンストの風が強いのかもしれないと予測できます。他のプロも方向的には問題のないショットでショートしているのであれば、原因は風にあると特定できるわけです。

また、**アプローチで寄せるのに手を焼いていたら、そこに外してはいけないことがわかるし、バンカーから寄せきれなければ、絶対に入れてはいけないと判断します。**パットで時間がかかっているなら、見た目よりもラインが複雑なのでしょう。グリーン面が見えるようならパットのラインまで確認できるかもしれません。そうなればコースのワナにはまるどころか、逆に大きなアドバンテージを得ることができます。

極端な話、**詰まっているときこそチャンスなのです。**もちろん、これはアマチュアでも同じ。だからイライラするより積極的に情報を収集しましょう。

迷ったときに効く！ マネジメントの

格言 28

グリーン周りには必ず安全に寄る場所がある

プロはグリーンを狙うときに、まず「ここなら外してもいい」場所を見つけます。どんなグリーンも「乗せる以外ない」ということはなく、基本的にはグリーンの手前側が比較的安全なエリア（ハザードがある場合を除きます）。グリーンが左から右に傾いていたら、左手前より右手前のほうが安全です。もちろんこの逆もあります。

その前提で**グリーンを４分割すると、最低限１ヵ所は安全に寄せられるエリアがあります**。４ヵ所すべてが安全なグリーンは少ないですが、平均的には２ヵ所くらい安全なエリアがあり、うまい人ほど「外すならそこ」と考えて打ちます。狙いはグリーンですが、危険なエリアにはいかない狙い方をしているのです。我々アマチュアは見た目ではわからないので「外すなら手前」と考えればいいでしょう。もちろん手前にハザードがある場合、その限りではありません。

プロのトップクラスでもパーオン率は70％台の前半ですから、１ラウンドで３〜４回はパーオンしません。それでもパーで収められればＯＫですが、ボギーを打つと流れが変わり、我慢のゴルフを強いられるようになります。ＪＬＰＧＡツアーで2年連続賞金女王になったイ・ボミプロにもそういうことがありました。外しても寄る確率が高いエリアを伝えましたが簡単にボギーを打っていた。さすがにこれではまずいと思い、アプローチ

グリーン → 4分割 → 1～2カ所ある安全エリアを狙う ＝ 大叩きしない秘訣

グリーン周りがバンカーに囲まれていても、必ず寄せやすいエリアがあります。写真の場合は手前の花道。左右に曲げたらバンカーですが、余裕のあるクラブで真ん中に打っていけば花道に置ける。手前から転がって乗る可能性もあります

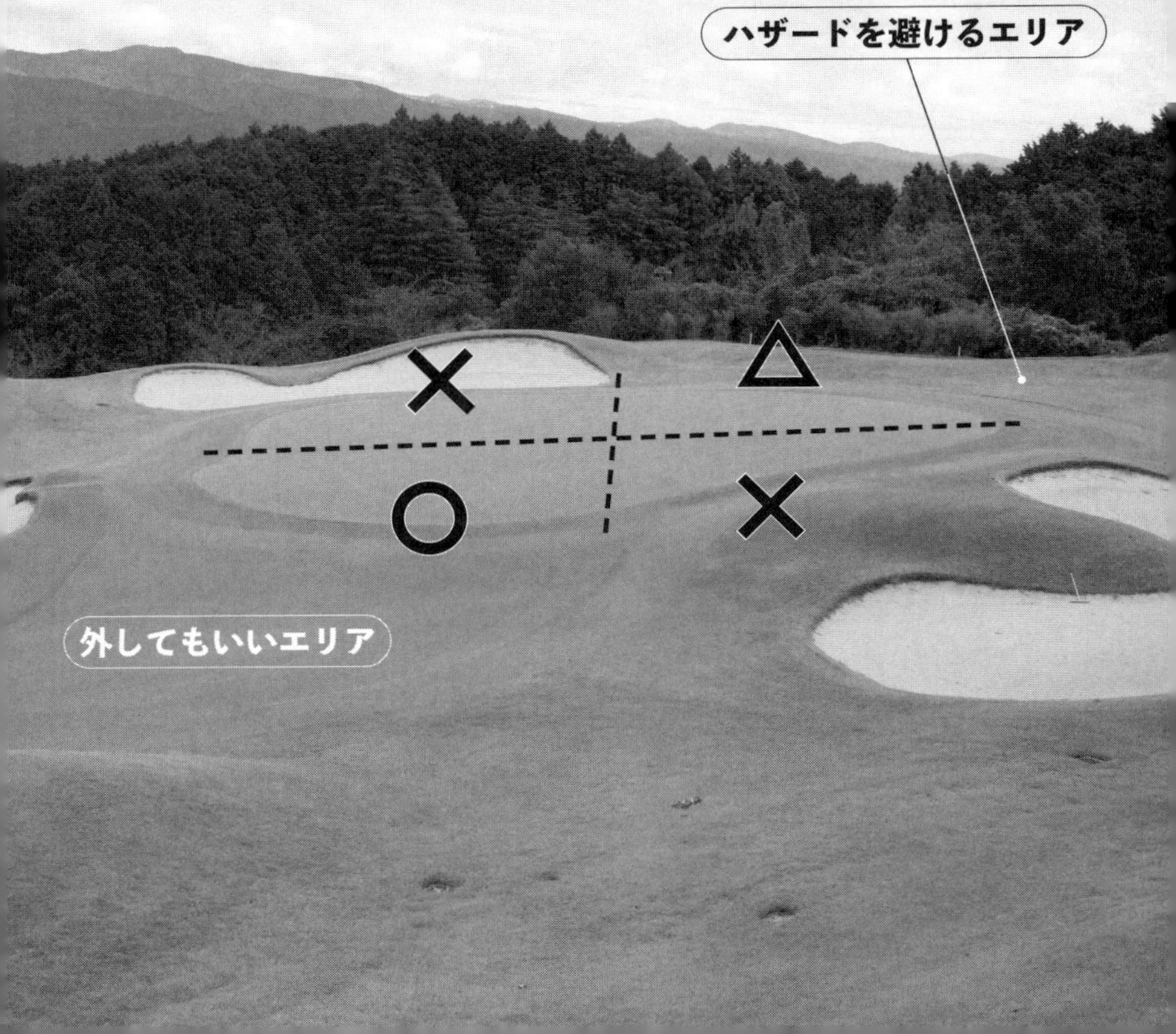

をたくさん練習するようにすすめました。

その結果、２０１２年の終盤にポンポンと勝って賞金ランク2位になりました。平均ストローク、平均パット数ともに良く、ほかのスタッツもだいたいトップ10でしたが、一つだけ下位に甘んじていました。リカバリー率（パーオンしなかったホールで、パーかそれより良いスコアを獲得する率）で24位。数字も63％程度でした。

「やはりそういうことか」と思い、うまい人がやっていることを伝え、うまい人ほど基本の反復練習をやっていると知らせました。そして練習日はもちろんのこと、試合中でも「10分でいいからアプローチ練習をやってこうや！」と練習場に連れ出したのです。プロですから始めたら10分ではすみません。そうやってうまい具合に練習時間を増やすことができました。

すると、２０１３年にはリカバリー率が一気に66％台に上がって10位に、２０１４年は67％台で9位になった。ちなみに２０１５年は前半戦終了時点で4位。数字も70％台をうかがえるところまで伸びてきました。ショット力がありメンタルも強いのにアプローチだけが低レベルというのは絶対におかしい。リカバリー率がトップ10に入れば間違いなく活躍できると思ってやったことが見事ハマったのです。

迷ったときに効く！ マネジメントの

格言 29

ピン位置の難易度はグリーン周りと傾斜で決まる

アマチュアの方がグリーンを狙うとき、ピン位置の難易度はなかなか判断しづらいと思います。はじめてのコースならなおさらです。

そんなとき、**まず見るべきは、バンカーや池といったハザードです**。簡単にいうと、ハザード越えになるピン位置は絶対に難しい。ピンがハザードに近いほど難しくなります。要はグリーンと周囲の状況の兼ね合いを見るのが先決ということ。ハザードに限らず、グラスバンカーやグリーン周りのくぼみ、マウンドなども同様です。

次に見るのはピンがグリーンのどこにあるか。基本的にはグリーンの真ん中付近にあるのがもっともやさしく、前後左右に振られるほど難しくなります。右端にピンがあるならピンの左サイドを狙えばやさしいですが、ピンを狙うととたんに難しくなる。スペースが狭いのと、右に外すとショートサイドからのアプローチになって寄りません。ランクを付けるなら左右の端、手前、奥、の順に難しくなります。

グリーンの傾斜も難易度に影響します。ショットが正確なプロは、よほどピンが端でない限り、傾斜の観察を最優先します。どこに打てば上りのラインが残るのかを見るわけです。その延長でフックライン、スライスラインなど、自分が得意なラインが残るようにピンを狙うプロもいます。おしなべてプロは、自分の球筋と同じラインが得意なようです。

ピンがグリーンセンターにあると狙いやすい感じがしますがそれは早計。周囲をバンカーに囲まれていたり、急傾斜の途中にピンがあるととたんに難しくなります。ピン位置も重要ですが、グリーン周りや傾斜も考慮しましょう

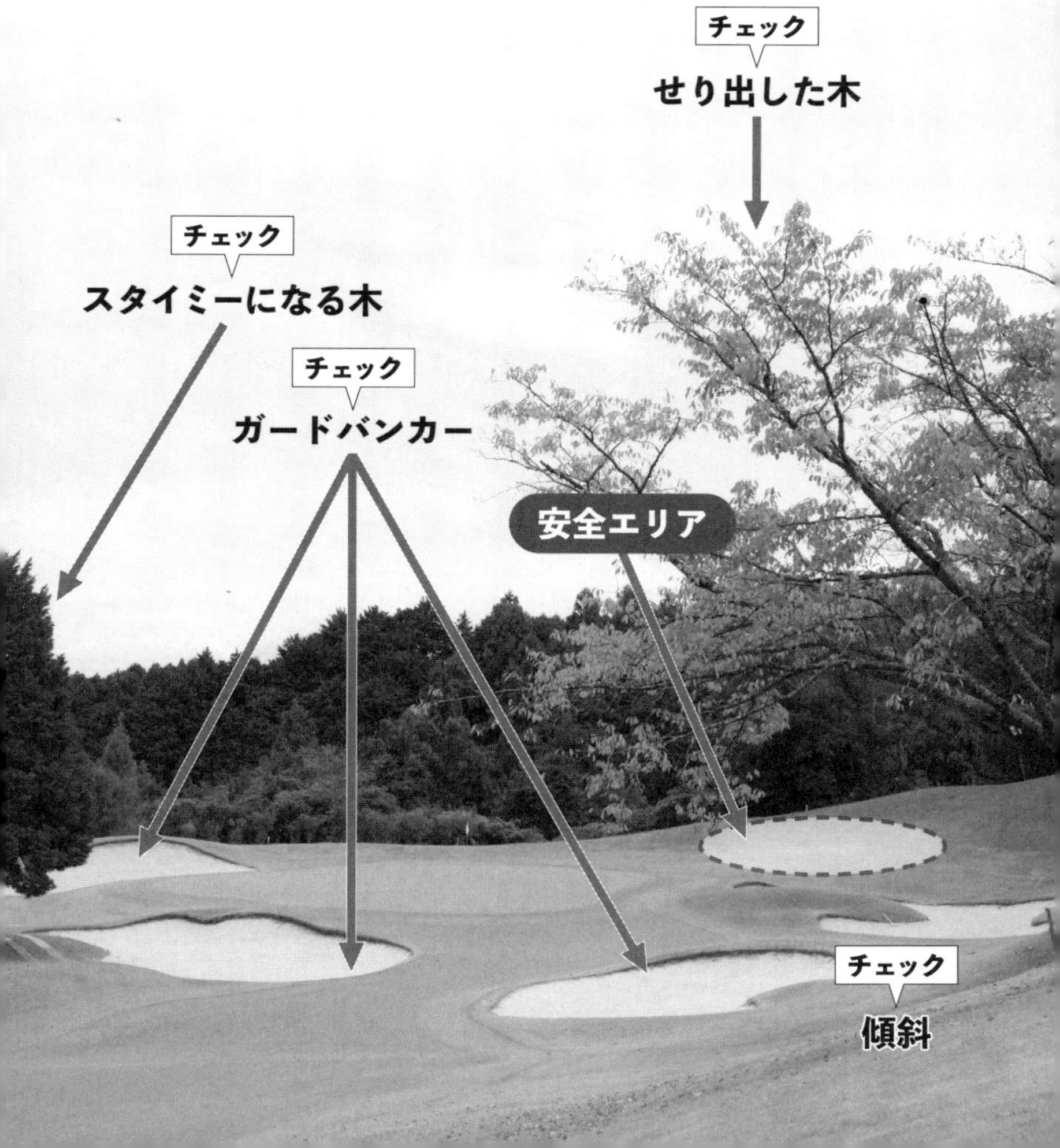

ドローヒッターならばフックラインがうまい。おそらくイメージが出やすいので、どこに打ち出せばいいかがわかりやすいのでしょう。

傾斜による難易度がハッキリ出るのは二段グリーンですが、この場合、上の段にあるピンがもっとも難しい。ピンが下の段なら手前からも行けますし、上から戻すこともできます。上の段にあっても理屈は同じですが、手前とでは傾斜の度合いが段違い。下の段から打って弱ければ戻ってしまい、奥から強ければ段を転がり落ちてしまう。いずれにしても、きわめて微妙なタッチのパットが要求されます。

グリーンに乗ったらラインを読みます。トーナメントではプロの読みと大きく食い違うことはないですが、たまにフックラインにもスライスラインにも見えるときがあります。私の経験上、そういうラインは結構高い確率で真っすぐです。カップの真ん中を狙って打てば、きれても入る。カップはボール2個半分の直径がありますから、多少ズレてもタッチが合っていれば入るということです。

また、いいグリーンと荒れているグリーンでは、後者のほうがパットの巧拙が出ます。パットは、しっかり打てないと真っすぐ転がりません。インパクトが緩むとグリーンコンディションに左右されやすくなるのです。

迷ったときに効く！ マネジメントの

格言 30

データは一元的に見ても役に立たない

1980年代半ばからショットやパットなど、ツアーで選手が残したストロークをデータとして記録するシステムが構築され、2000年代に入ると、ほぼ現在と同じ種類のデータが誰でも簡単に入手できるようになりました。平均ストローク、平均パット数はもちろん、パーオン率、パーキープ率、フェアウェイキープ率などまでわかる。それも、トーナメントの練習日には前週までの最新データが完璧に更新されています。

そんなデータの中で、私がある程度重視するのは**パーオン率と平均パット数**です。

パーオン率を見るとショットメーカーかどうかがわかります。たとえば、藤田寛之プロが賞金王になった2012年シーズンのパーオン率は70・3％でした。これはパー3を除いた全ホールでパーオン以上だったときの数字で、14ホール中、約10ホールでパーオンする計算になります。

キャディをする場合、パーオンがこの数字より少ないようなら、あまり調子が良くないと判断できるので、狙いどころを絞り込みすぎないように気をつけます。

パーオン率がいいと平均パット数は上がる傾向にあります。パーオンすればグリーンのどこに乗ってもカウントされるからです。パーオンしても20メートルのパットが残ったら2パット以下で収めるのは容易ではありません。ですから、パーオンがめちゃめちゃ多い

前半ハーフ終了後
トータル16パット ワンパット3回と…
パットが調子良かったな
ちょっと待った!!
Bさんのワンパットはどれも1m以内でしたよね
そういわれれば……
そうですね
あとは3パットが1回で残りは2パット
と、いうことは…
調子が良かったのはアプローチで
パットは普通だったんじゃないですか？
確かに！
ワンパットの数だけで調子がいいと思うと
ワンパット4つもある！パター天才かもオレ
お！
3パットしたとたんに調子が悪いと思ってしまいます
あれ？
あれあれ？
あれあれ
あれあれ
逆に乗せればなんとかなるという勘違いにもつながります
どうすればいいですか？
数字も大事ですが
本当に大事なのは中身！
パットなら入れた距離やラインを覚えておいたほうが後々役に立ちます
なるほど…
やってみます！

からといって必ずしもパット数が少ないわけではないのです。

逆に言えば、両方ともトップ10くらいに食い込んでいる選手のほうが総合力はあるといえます。

平均パット数についても同じ側面があります。つまり、アプローチが上手い人はピンに寄るので、パット数が少なくなる可能性が高いということ。トータルで考えればショートゲーム巧者と言えるので、スコアを組み立てるうえでとても役立つデータになる。ピン位置が難しいケースでも「この人ならあそこに外してもパー以上でいけるかも」という感じで、余裕をもったターゲット設定ができるというわけです。

ということで、データは一元的に見てもあまり役に立ちません。ドライビングディスタンスやバーディ数など、単純な結果の数字は気にしませんし、サンドセーブ率が高いプロだからといって、バンカーを狙って打てとは絶対に言わない。それがいくらやさしいバンカーでもです。

第4章

グリーン上で欠かせないパットの格言

グリーン上で欠かせないパットの

格言 31

グリーンに移動する前に最高地点と最低地点を把握するべし！

アマチュアの方の多くは、セカンド以降のショットがグリーンに乗ると、何気なくグリーンに向かってしまいがち。特にカートに乗ってしまうと、あっという間にグリーンまでたどり着いてしまいます。こうなると大きな傾斜やコブはわかっても、全体の傾斜や小さなコブがわからなくなります。自分がグリーンに乗って、いざラインを読もうとしたときに、上りか下りかわからなくなった経験がある人もいると思いますが、微妙な傾斜は乗ってしまうとわからなくなるのです。ショットがグリーンに乗った、乗らなかったにかかわらず、**毎ホール、ある程度距離を置いたところからグリーン全体の形状を把握しておくことが絶対に必要。**グリーンのどこが最高地点で、どこが最低地点かを頭に入れておくだけで1打は違ってきます。

また、プロのトーナメントではグリーンのスピードが毎週違うので、そこを練習ラウンドでチェックしておくこともキャディの大切な仕事です。スピードを左右する最大の要素は傾斜ですが、芝の種類によっても変わります。簡単に言うとベントは速めでコーライは遅め。それぞれのグリーンスピードに対応するべく、芝種によってパターを替える人もいますが、基本的には当該のスピードに慣れるしかないようです。

やっかいなのは、双方のグリーンが使われる夏のトーナメント。たとえば男子ツアーだ

パットのラインてさ
上りか下りか
わからなくなること
ない？
あるある
歩けばわかるとか
言うけど
慣れてなきゃ
わからない
確かに
そうですね
プロはともかく
アマチュアの方が
正確に
傾斜をつかむのは
簡単では
ありません
何かコツは
ないん
ですか？
経験を
積むしか
ないかも
それって
お手上げって
こと？
いえいえ
わからないのは
グリーンに
乗ってからの話
乗る前であれば
誰でも
傾斜は
わかります
逆に言えば
乗ってから見ても
遅い
遠目に
見ておけと
そうです
グリーンは
少なからず
地理的な影響を
受けていますから
遠目に見たほうが
傾斜がわかる
しかも
目視できるくらい
大きな
傾斜ですから
パットに与える
影響も
大きいんです
なるほど
なるほど
グリーンに
乗る前が
大切
なんですね

と8月最終週の「KBCオーガスタ」と翌週の「フジサンケイクラシック」。前者の舞台となる福岡の芥屋GCはコーライグリーンで、後者の舞台となる山梨の富士桜CCはベントグリーンになりますが、そのギャップが半端ない。しかも富士桜のグリーンに使われているベントは、国内でも屈指のスピードに仕上げることができる種類。加えて富士山からの傾斜があって、見た目が上りでも下っている（あるいはその逆）ラインが無数にあります。

富士山の裾野という、とてつもなく大きな傾斜地の上に広がるコースなので、どうしてもその影響を受ける。でも、見た目はまったく違うため錯覚を起こしてやられてしまうのです。そのため、毎年このパターンでツアーを転戦しているプロでさえ、練習ラウンドでは時間をかけて入念にパッティングをすることになります。

とはいえ、やはり基本となるのは、**一番高いところと低いところを見ておくこと**。近くに大きな山があるところは山のほうから、海があれば海のほうに傾斜がある。平らに見えても芝目がそちらを向くので、基本的に山裾側や海側に向かって速くなります。それがわかると上り下り、フック、スライスはわかりますから、あとはカップに打つボールが傾斜に対して横位置にあるのか縦位置にあるのかを判断するだけです。

グリーン上で欠かせないパットの

格言 32

パット巧者は「真っすぐ」からラインを読む

グリーンのラインについては、プロによって聞いてくる人と聞かない人がいます。打ち方によって分かれるとすれば、聞いてくる人はマニュアル派、聞いてこない人は感覚派。最後は感性の勝負ですが、前者は客観情報を入れておきたいタイプ、後者は感覚で処理するタイプだと思います。マニュアル派は女子に多く、感覚派は男子に多いようです。

感覚派のプロにもフックかスライスかを聞かれることはありますが、そんなプロが聞いてくるラインは難しくてわかりづらい。正直「プロがわからないんだからキャディにはわかりません」と言いたいですが、プロからすれば同意を得たい部分もある。おそらく、その意味で聞かれていることが大半だと思うので「フックでいいか？」と聞かれたら「フックでＯＫです」と間髪入れずに同意します。返答するのに間を空けると「こいつ迷ってんのか」と思わせてしまう。それがイヤなので、即答して自分のジャッジに自信をもってもらいます。

基本と言っていいかわかりませんが、**パット巧者は比較的真っすぐ打っていきます**。強めに打ってラインを消す。特にショートパットはこの傾向が強いです。**このタイプの人は、ラインも真っすぐから読みはじめます**。カップとボールを直線で結び、そこからどれくらい切れるかをイメージする。スライスすると判断したら、真っすぐなラインよりもやや左

パット
巧者
まずカップと
ボールを
直線で結ぶ
どれくらい
切れるか
イメージ
GOOD
○
パット
下手
曲がる
ラインを
想定する
大きめに
切れるラインを
イメージ
BAD
×
○
×

パット巧者のプロは強めに打ってラインを消します。ラインを読む際も、まずボールとカップを結ぶ真っすぐのラインを想定し、どれくらい切れるかをイメージします。切れ方を大きく読むほどタッチは弱くなります。するとカップに届かない可能性がある。強く打つ人はこの可能性を消しています

に打つわけです。もちろん、カップを外すほどのスライスをカップから読むのは難しいので、カップの内側とかからスタートします。

これに対し、**入らない人は逆の読み方をします。**パッと見てスライスと読んだら、ボールとカップをスライスの曲線で結ぶ。最初に大きめに切れる方向で読み「これだと右に抜けるかもしれないからもっと浅めに打とう」と考えるのです。

プロもアマチュアも、切れ方を大きく読むほどタッチが弱くなります。弱くなるとカップに届かない可能性がある。届かなければ入らない、ということで、これが続くと悪循環にハマりやすくなります。グリーンが速いプロの試合では、大きな傾斜の途中にカップを切ることはまずありません。ですから、ショートパットがカップ1個分切れるようなことはまれ。アマチュアの場合は違うかもしれませんが、それでもこの読み方は有効だと思います。

最後にもうひとつ。**うまい人は、打ち出す方向を示すスパットを、必ず1メートル以内に設けます。**スパットが先にあるとヘッドアップしやすくなります。谷口徹プロ、藤田寛之プロは近い。これはロングパットも同じで、ターゲットに出すボールスピードを遅くするか速くするかで距離をコントロールしています。

グリーン上で欠かせないパットの

格言 33

スライスにもフックにも見えたら真っすぐ

グリーンで繰り返しラインを読んでいると、上りか下りか、スライスかフックか、わからなくなることがあると思います。こんなときにわからないまま打ってはダメ。確信はなくても最終判断が不可欠です。なぜなら、判断を下さないと、それ以降のパットに生かせないからです。

たとえば、下りと断じてショートすれば、上りかフラットだったということ。決断すればカップインしなくても経験則になりますから、のちのパットに生かせます。

プロのパットはこの繰り返し。**判断しづらいラインも必ず決めて打ちます。**もちろん、読みが当たってもカップインするとは限りません。プロがそうなのだから、アマチュアは打ててても入らないことのほうが多いと思います。でも、パットはそういうもの。入らなくても一憂する必要はありません。

私の経験からいうと、**上りか下りかわからなければフラット。スライスにもフックにも見えたら真っすぐが多い。**傾斜はあってもすごく微妙で、真っすぐ打てば切れたとしてもカップインする可能性の高いラインだと判断します。

グリーン上で欠かせないパットの

格言 34

ロングパットはカップの近くでどう切れるかが大事

アマチュアゴルファーがもっとも3パットしやすいのは、左右に大きく切れるロングパット。距離が長いだけでも3パットしやすいのに、そこにスライスやフックが入ってきたらかなり難しい。プロでも簡単ではないですから、寄らなくても無理はありません。

寄らないパターンはいくつも考えられますが、大きく分けるとオーバーかショート。スライスやフックするということは、ラインの途中に傾斜による上り下りがかかわってくるということです。

たとえばフックラインは打っていく方向の右サイドが高い。カップより右に打ち出すときに、上りを意識して強く打つと曲がらずに真っすぐ抜ける可能性があります。逆にカップに近づきつつ下っていく傾斜を意識しすぎると打ちきれず、カップのはるか手前でボールが曲がってしまいます。前者はオーバー、後者はショート。しかも返しのパットに関する情報も手に入らないため3パットしやすくなるわけです。

スライスライン、フックラインのロングパットは必ず傾斜の影響を受けます。たとえば15メートルのパット。前述したように、フックラインならカップに向かって右側が高いのです。

ただ、15メートルもあるとボールからカップまで右傾斜が続くことはまれなので、手前

上りのフックライン8m
ラインに乗るもカップの1m手前で左にタレてアマチュアサイドへ
惜しい！1m手前で急に切れたね
あー
切れたっていうか急減速した感じ
オンラインでも弱かったので外れたんです
ライン読みは間違ってなかった？
はい。
上りのフックなので最後の最後に球足が急減速します
急減速
そうなるとラインの影響をもろに受けるので切れてしまうんです
最後にどれくらい曲がるかを見てタッチを出すことが大事なんですね
旗ありがとうございます
次はきっと入りますよ！
清

側かカップ側、どちらかの右サイドが高くなっていると考えられます。**打球が傾斜の影響を受けやすいのは、転がる勢いが弱まったとき。ですから、ロングパットではカップに近づくほど切れやすくなります。**

ということで、同じフックラインでも傾斜が奥にあるほどフックしやすい。傾斜が手前にある場合は、ボールの勢いがあるのでそれほど影響を受けません。スライスラインでも同じです。

プロがボール側よりもカップに近いところの切れ方を見るのはこのため。だから球足が弱まってもカップに向かうボールが打てるのです。

グリーン上で欠かせないパットの

格言 35

カップの半径50センチ以内には足を踏み入れない

セルフでスムーズにラウンドするには、グリーンでの動き方もポイントです。プロキャディの間では、全員がグリーンに乗ったら、次のホールに向かう出口のあたりにバッグを置くのがマナー化しています。アマチュアの方のセルフプレーで言うなら、**ホールの出口あたりに、そこまで持ってきたクラブを置いておけば、次のホールに向かう途中でピックアップできて置き忘れも防げます。**

人のラインを踏まないことは言うまでもありません。**自分や自分の影が、アドレスしたプレーヤーの視界に入らないところに立つのも基本です。**夏はまだしも冬は影が長くなりますから、はじめから立ち位置に注意しましょう。人の視野に入らないもっとも確実な方法は、打つ人の背中側に、ある程度の距離をとって立つこと。このポジションなら視界に入ることはありませんから、影だけに気をつければＯＫです。

カップ周りを踏まないことも大事。カップを中心に半径1メートルくらいのエリアは、最終的に人が集まってくるエリアですから注意をしていても表面が荒れます。

以前は修復できなかったスパイクマークが直せるようになったとはいえ、直すとなると手間がかかります。余計な時間をかけないためにも、カップを中心に半径50センチくらいの範囲には足を踏み入れないように心がけましょう。

グリーンコンディションを保つために → **カップから半径50センチ以内にはなるべく踏み入らない**

カップを中心に半径１メートルほどのエリアは、人が集まってくるエリアなので表面が荒れやすい。カップインを逃したときに「カップに嫌われた」と言いますが、これは人が進入することで荒れたからかもしれません

ピンを抜いた場合、ピンの置き場所はラインを読むのに邪魔にならないところですが、試合では必ずキャディが持っているので、地面に置くことはまずありません。ピンを持つのは、基本的には最後のパットを打つことになると思われるプレーヤーのキャディ。旗が風でバタバタしないよう、旗側を下にして竿と一緒に握り込むように持っています。

もっとも、今はルール改正でピンを刺したままグリーン上でプレーしてもよくなったので、アマチュアの方のセルフプレーはかなりスムーズになったと思います。よく聞かれるのは、ピンを刺したまま抜いた場合、どちらがいい結果になるか、ということですが、結論から言うと変わりません。

ただ、ロングパットは刺したままのほうがカップの位置がわかりやすい、ピンの根元に当たると入りやすい、といったメリットがあると言われています。なぜ、プロはピンを抜かせるかというと、長年そのスタイルでやり慣れているからというのが一番多い理由。強く打ったときピンの根元に弾かれて入らない気がする、というプロも多いです。グリーンが速く、カップの真ん中を狙うことが少ないプロならではの理由かもしれません。

グリーン上で欠かせないパットの

格言 36

40センチオーバーのボールスピードをイメージする

チャンスでバーディをとる、あるいはピンチで3パットしないためにはグリーンを正確に読むことが必要です。その際にもっとも大切なのは、高いところと低いところを把握することです。

ラインを読むという意味では、高低を知るだけで、ある程度カップに寄せられると思います。でも、プロのようにカップインの確率を高めるには、もうひとつやるべきことがあります。それは**ボールスピードを気にすること**です。

パターではタッチを合わせることが基本ですが、タッチを合わせようとすると、どうしても自分サイドのことばかり気にします。簡単に言うと、インパクトの強さやストロークの大きさばかりを気にしてしまう。でも、強く打ったのに転がらない、逆に、弱く打ったのに転がってしまった、という経験はないでしょうか。強く打てばボールは飛び、弱ければ飛ばないはずなのに、おかしな話ですよね。

こうなる原因は、**打つ強さにばかり気をとられてボールスピードを気にしていないから。**プロはグリーンの速さに加え、打つ前にボールがどれくらいのスピードで転がるのかをイメージしてからストロークします。まずグリーンありき。そこを転がるボールのスピードをイメージすることではじめて、カップインする感じが出てくるのです。

私のキャディ経験からだとカップを40センチほどオーバーするタッチがベスト。カップの先40センチのところを目標に打つ人もいますが、プロはボールスピードをイメージします。40センチオーバーのスピードのボールを打つということです

私の経験からいうと、**カップを40センチくらいオーバーするスピードイメージをもつのがベスト。**ストローク感覚でいえば、下りは合わせ、上りはオーバーするように打つ感じでしょうか。ただ、感覚は人によって違うので、どれくらいのスピードをイメージするのかは人それぞれです。

基本的に**パット上手な人は、ボールスピードがイメージできています。**カップインするときは、ショートパット、ロングパットにかかわらず、入るときのスピードが似通っているのがその証し。パットが面白いように入っている日のプロって、ほとんど同じようなスピードで入っていると思いませんか。つまり、そういうことなのです。

カップインの仕方で一番いいのは、強すぎるでもなく弱すぎるでもなく、ジャストタッチで真ん中からストンと入る形。入り方まで含めてスピードをイメージしていくといいと思います。打てる打てない以前に、もっとイメージを作ることがとにかく大事。特にショートパットは、できるだけ細かくイメージしたほうがいいでしょう。

グリーン上で欠かせないパットの

格言 37

ショートパットは狙い目を細かく決める

細かい話をします。パットを打つときキャディに「カップ左を狙って」と言われたら、みなさんはどこに打ちますか？　カップ左をボールがかすめるように打つ、カップの左縁にボールの真ん中がくるように打つ、カップの左内側を狙って打つ……。思いついただけでも、これだけの狙い方があります。

いうまでもなく、キャディが伝えた内容とプレーヤーの受け取り方が一致しなければカップインは望めませんから、ミス・コミュニケーションが起きないように、パットのラインに関してはプロとの意思統一をはかっています。

たとえばプロに「カップ左を狙ってください」と私が伝えた場合、プロはボールの赤道がカップの左縁にかかる、いいかえると、ボールの右半分がカップを覗くように打ってくれます。これがプロと私の「カップ左狙い」です。

カップの内側を狙うケースでは〝カップインサイド〟、〝センター左右〟、〝カップセンター〟などの言い方があります。カップのインサイドは、ボール全体がカップに入るように内側を狙う。センター左右は、インサイドとセンターの間ですが、どちらかといえば気休めに近い表現で、ほぼセンター狙い。センターは文字どおりカップの真ん中狙いです。

もっとも、これらはみなショートパットでの話。どれもカップを外す狙い方ではないのカップを外さないショートパットではなるべく細かく目標を決めましょう。ポイントは左右どちらにきれても入るところを目標にすること。アマチュアの方がプレーするグリーンは速くないので、この目標どりをすればおおかた沈めることができます

で、ほとんど真っすぐ打つときに使う表現です。カップを外すとなると、ボール1個分からカップ数個分という具合で大きくなっていく。さらに大きく切れるときは別の目標を探し、それを狙って打ってもらいます。

私の中では**1メートル以内のパットは基本、真っすぐでいい**。保険をかける意味でインサイドとかセンター左右と言うことはありますが、カップを外さずに真っすぐ打てれば7割方入ると考えています。

強さに関しては、**上りならオーバー目。40センチオーバーくらいが適当です**。下りではカップで止めるつもりで、と言う人もいますが、私は言いません。感じを出しすぎてカップの手前で止まったら困りますからね。なので、**下りのときは「カップにボールを落としてください」と言います**。ボールが転がっていく途中に穴があり、そこに落ちちゃった、的な感じになるようにストロークしてもらうわけです。

場所によっては、パッティングライン上に木の影がかかって見にくいところがあります。また、真夏のように明るい光が真上から当たる条件ではラインが読みづらくなります。そんなときは、基本、グリーンが受けていることを思い出すようにしています。

第5章

ラウンド前に知っておきたい格言

ラウンド前に知っておきたい

格言 38

コースガイドで攻略法を学べ

今はコースについてたくさんの情報が手に入ります。天候はもちろんホームページを訪ねれば、ホールレイアウトや攻略法を紹介しているコースも数多くあります。

情報集めなんて面倒という人もいるでしょう。でも、コースを攻略するゲームというゴルフの本質がわかれば、やってしかるべき。やりはじめると攻略法がわかって楽しくなるので苦にせずできます。風向きやラフの長さ、バンカーの砂質、グリーンの速さや傾斜を調べるのは、この作業を正解に導くためでもあります。

もちろん、下調べが役に立たないことも多い。むしろそのほうが多いかもしれません。でも、楽しみながら繰り返していけば、情報が蓄積されていきます。**今の自分にできること、できないこと、得意なホール、苦手なホールなども浮かび上がってきます。**すると、どこで何をすればいいか、あるいはスコアアップのために必要な技術は何か、といったことが明確になります。**こういったメモは次のラウンドや練習で大いに役に立ちます。**

メモ作りに役立つポイントをいくつか紹介すると、つねに距離を意識するのが基本。ティイングエリアからハザードまでの距離、ヤーデージ杭や樹木、スプリンクラーなどが示すグリーンまでの距離をチェックする。コースによってグリーンセンターまでとフロントまでとに分かれるので、その確認も忘れずに。

明日はコンペだ 練習練習
調子イイぞ！
当日朝
練習場
…アレ？ 当たらない……
でコンペは散々な結果に
後日
やっぱ一夜漬けはダメなんだよ
でもコンペの前は不安だろ
どうすりゃいいのさ
オレなら前日は早く寝て当日朝早くコースに行って練習するね
そのとおり！
スタート前の練習はウォーミングアップ
それを守れば僕もその意見に賛成
前日にやるならネットでコースの下調べをしたほうが有効ですよ
でも朝、調子が悪かったら不安だなぁ
ウンウン
ウォーミングアップと割り切れば気になりません
し、清水キャディが！
それに人間の体は日々変わります
夜
前夜練習しても一晩眠ったら同じ感覚では打てません
翌朝
昨日のオレさようなら
それなら当日打ったほうがその感覚のままラウンドできる
調子が悪ければ安全運転すればいいだけです
納得!!
もう一夜漬けはせず下調べに徹します！

次に知っておくべきはグリーンの奥行です。グリーン手前から奥までの距離がわかると、目標が広くとれるので余裕をもって打てます。

アベレージゴルファーの場合、多少距離があってもアプローチを残すよりグリーンに乗せたほうがいい。グリーンを外してパーで上がる確率はプロでも高くありません。精一杯頑張って70％。賞金ランク50位台の選手だと50％台。男子のトッププロでも3～5回はボギーを打つのです。プロでさえこの数字ですから、アマチュアはどこでもいいから乗せておくべき。1パットで入る確率もゼロではないですから。

常時80台を目指す人であれば、グリーンの傾斜もチェックしておいてください。詳細な傾斜までわからなくても、どちらから受けているかだけは知っておきたいところです。基本、日本のグリーンは手前から受けていますから、それほど大変な作業ではないはず。逆に、ときたま見かける奥に向かって下りのグリーンだけ確認しておいてもいいかもしれません。そういうグリーンであれば奥から攻めるのもありです。

要はピンに向かって打つときに、いかに受けているシチュエーションを作るか、あるいは上りのパットを残すのかがポイントなのです。

ラウンド前に知っておきたい

格言 39

スタート前の練習では難しいクラブは打つな

クラブハウスを後にしたプロは練習場に向かいますが、面白いのは男子と女子で練習の順番が違うこと。女子はまずパット、次にショット、そしてアプローチをやり、再びパットで締めるパターンが大多数。一方、男子プロはショット練習から始めてアプローチ、パットというパターンが主流です。

ショット練習の球数は多くても50球ほど。プロは男女とも、朝からバンバン打ちまくったりはしません。アマチュアの方が練習する場合、打つのは1コイン（20～30球）程度。プロが平均40球くらい打っているとしたら、球数が少なすぎるかもしれません。きちんとウォームアップできていないならなおさらです。

JLPGAツアーでは球数制限のある試合があります。出場者数に対して練習場の打席数が少ないのが主な理由だと思いますが、個々が何らかの対策を講じればいい話。プロやキャディがもっと頭を使うべきで、ルールで規制するのは選手のレベルアップやトーナメントの活性化を鈍らせるように思います。

さて、**練習で打つ球数のうち圧倒的に多いのはウエッジ類です**。何本入れているかにもよりますが、半分くらいの球数を費やします。重いクラブで体をほぐす、スコアメイクをするうえで重要なクラブだから、といったことがその理由です。

スタート前の練習

- ウエッジの球数が多い
- 難しいクラブは打たない

スタート前のプロの練習ルーティン

- 男子パターン　ショット→アプローチ→パット
- 女子パターン　パット→ショット→アプローチ→パット

スコアに直結するのはパット。最初にパット練習をやっておけばヌカりなくスタートできます。時間がなくてスタート前のショット練習ができないときでもパットだけはやっておくべきです

ウエッジ以降は徐々に番手を上げていきます。あるプロは、8番アイアン→6番アイアン→ユーティリティ→スプーン→ドライバーの順で、それぞれ3球くらいずつ。ウエッジは4種類の場合で15球ほど打ちました。プロにより偶数番手、奇数番手など打つクラブは違いますが、全番手くまなく打つ人はまずいません。ウエッジで始め、ウエッジで締める人も多いですね。いきなりドライバーから打つ人もいませんが、ドライバー禁止の練習場（たまにあります）を除き、ほとんどの人が打ちます。

また、**はじめにくるパー3の距離から使いそうな番手を予想し、それを打っておく選手もいます**。もちろんティアップして。プロでも地面からとティアップして打つのとでは違うので、どうせ練習するならパー3をシミュレーションしておこうというわけです。実際にその番手を使うかはわかりませんが、使いそうな番手プラス前後2本くらい打っておくことは、我々アマチュアにもかなり有効な練習になると思います。ピンの位置まで確認しておけばシミュレーションもできるでしょう。

練習で打つ番手は人それぞれですが難しいクラブは打ちません。ウエッジが多いのもそのため。ロングアイアンはプロにとっても難しいクラブですから、いいイメージがつきにくい。スタート直前の練習には向いていません。

ラウンド前に知っておきたい

格言 40

スタート前のショット練習はスコアに直結しない

プロはスタート前に必ず練習をしますが、朝の練習場は調子を見る場所ではなくウォーミングアップをするところ。どんなボールを打っても気にしません。どちらかといえば、調子が悪いほうが安全にスタートできていいくらい。堅くグリーンに運んだら、パットがポンと入ってバーディ発進できた、ということはよくあります。逆に練習で調子が良くてラウンドでガンガン攻めても、必ずどこかで「あれ?」となる瞬間がくる。**結局、練習はその日のスコアには直結しないのです。**

パットも同じです。重要なのはカップに入るかではなく、タッチを合わせること。すなわち、自分の打ちたい距離に、イメージしたボールスピードで打てるかどうかです。自分の感覚で打ったときに距離が合わないようなら合うまでやる。時間がなければショートかオーバーかどちらの傾向かだけでもハッキリさせておく。カップに入れるとすれば、最後の最後に絶対に入る距離を入れるくらい。高い技術があるところに加え、プロはこれを徹底させているから3パットしないのです。

ラウンドがスタートしたら、私はプロの前を歩くように心がけます。18ホールすべてとはいきませんが極力前を歩く。キャディが選手の後ろにいると、ダラダラしている印象を与えます。なにより先に行って残り距離を測れば、プロがボールのところに来て一息つい

スタート前練習
うーん
カキーン
カキュー
なーんか…
イマイチだなぁ
おお…
キレイなドロー球……
カシュ
カシュ
よーし
今日はいい感じでスタートできそうだぞ
いーなー……
不安
安心
こうして迎えたスタートホールのティショット
しかし…
バキュー
ド真ん中ナイッショー!
トーン
トン
どうなってるんだ……
カシュ
よしオレも!
あああああ
ナイスアプローチ
カシュ
カラーン
前半43
う、OB…
またOB…
ここもOB….
前半50
朝練は調子良かったのに……
まぁまぁ
練習は練習本番は本番だよ
そうですね
朝の練習はウォーミングアップですから
ラウンドとは関連づけないように!

たタイミングでクラブを渡せます。何度も一緒に仕事をさせてもらっているプロなら、歩いている間に残り距離のジャッジからクラブチョイスまでを行い、着いたら確認作業をするだけ、というのが実際のところです。

普通にラウンドできていれば引っぱっていく意識はもちませんが、プロの調子がイマイチのときは、引っぱるつもりで前を歩きます。調子が良ければプロの機嫌もいいので自然とスタスタ歩くのですが、悪いと足どりが重くなる。プロも人間ですからボギーを打てば落ち込みますが、キャディも一緒に落ちてはいけないのです。

さらに、ちょっとくらいミスショットをしても悪い情報は言いません。ミスしたときも「そうなりやすいですよ、このライは」とか「ここから乗せるのはタイガーでも半端なく難しい」などと言って、プロのせいではないことを強調します。

寄せるのが難しいラインが残ったとしても、プロから聞いてこない限りマイナス情報は言いません。聞いてきたら、厳しい情報でもありのまま伝えます。プロによっては「よーし、じゃあ寄せたる！」と燃え、見事に寄せる人もいる。それはそれで万々歳です。逆にプラスの情報は、聞かれなくてもどんどん言います。このようなことをセルフプレーで取り入れると、みなさんのラウンドにも役立つと思います。

ラウンド前に知っておきたい

格言 41

練習場で球がつかまっていたらラウンドは要注意

スタート前のショット練習でプロが気にすることがあるとすれば、距離感と球のつかまり具合です。プロでも日によって多少出球が変わります。練習ではそれをつかみ、どんな球が出るのかを把握して試合に臨みます。

特にどんな球が出るのかは重要で、自分のイメージと違った球が出るようならスイングを調整することもあります。要は程度の問題で、多少イメージがズレていても悪い球でなければそのままいく。プロには許容範囲があって、朝の練習でそこに収まっていればＯＫ。ハミ出していたら直しますが微調整です。

多くのプロが嫌うのは左に飛ぶ球です。左に飛ぶのは球がつかまっている証拠。つかまった球は距離が出るので大ケガをしやすいのです。ドライバーならまだしも、アイアンは距離を合わせるクラブ。飛びすぎてはスコアになりませんから。

私の見解としては、練習場で球がつかまっていると、試合ではつかまりすぎる。つまり、左に行きやすくなる傾向があります。失敗できない緊張感がそうさせるのか下半身が止まり、上体だけで打つことになってヒッカケやすくなるようです。

ですから変な話、練習場では球がつかまりきれていないくらいのほうが、ラウンドでちょうどいい具合になる可能性が高いと思います。ただ、我々アマチュアの場合は、練習場で

スタート前の練習 → **打球はあてにならない** → **調整するとしても微調整**

プロの場合、練習場で球がつかまっていると試合ではつかまりすぎる、というのが私見です。傾向的にはつかまりきらないくらいのほうがラウンドではいい。我々アマチュアはつかまらないことが多いので、軽くつかまえたほうがいいかもしれません

はつかまらないことが多い。そのままラウンドに突入するパターンが圧倒的なので、あえてつかまえようとしたほうが奏功するかもしれません。

こんな感じですから**練習場の打球は、あまりあてになりません**。練習がダメでも試合で真っすぐ飛ぶことはよくありますし、練習の結果を踏まえて安全運転でプレーしたらパターがポンポン入った、ということもある。実際「練習はイマイチだったけれどラウンドではうまくプレーできた」という話はよく耳にします。

持ち球と逆の球を打つ、いわゆる球の打ち分けをするプロもいますが、実戦で駆使できるのは賞金ランク10位以内で優勝争いができるプレーヤー。もちろんプロですから、練習場では誰もがインテンショナルに球を曲げることができます。でも、実戦で投入できるかは別問題。練習場レベルの球を打てる人は一握りと言っていいでしょう。

参考までに言うと、練習場でプロがプロを見るときに注目するのはリズムです。調子のいい選手ほどリズムがいい。人によってスイングリズムは違いますが、調子のいい選手ほどドライバーからショートアイアンまで、すべて同じリズムで打てているそうです。

ラウンド前に知っておきたい

格言 42

アマチュアは右を向きがち。朝の練習ではアドレスの向きを要チェック！

街の練習場には支柱があり、足元にはゴムや人工芝のマットがあります。真っすぐなラインがあって、それがアドレスする際の指標になりますが、プロがショットを打つのは指標になる真っすぐなラインがない環境ばかり。プロはよく**「ゴルフで大事なのは正しく目標を向くこと」**と真顔で言いますが、これは容易に目標方向を向けなくなっている心の叫びです。

だだっ広いところで構えると、多くの人は右を向きやすくなります。これはプロ、アマを問わず言えること。特にアマチュアの方は顕著で、毎週プロアマでアマチュアの方とラウンドしますが、**ほとんどの方がアドレスで目標より右を向いています。**

プロの場合、試合になると結果が優先されます。アドレスの向きは大事だけれど、ちょっとくらい違ったほうを向いてもピンに飛べばいいという発想になり、実際、そのようにしてピンを狙うことがよくあります。特に3日目や最終日はそうなることが多い。これはキャディも承知していますから、向きが多少ズレてもあえて指摘はしません。もちろん、すごくズレていれば言いますが。

ただ、これを繰り返していると正しい向きがわからなくなります。悪いアドレスがどんどん重なって、ますます右を向くようになっていく。そのため、週が変わって新しい試合

スイングで一番大切なこと

↓

目標に向かって打つ

↓

アマチュアは右を向きやすい

↓

スタート前の練習でのチェックは必須

朝の練習では必ず目標を決めて打ちましょう。それも1つではなく目標を変えて打つ。その方向に打ち出せていればアドレスの向きは大きくズレていません。出球が向いていない方向に行ったら向きをアジャストしましょう

になったら忘れずにリセットし、ニュートラルな自分に戻さなければならない。練習日に多くの時間を向きのチェックに費やすのはそのためなのです。

チェックするときは、ボールと目標を結んだラインと体のラインが平行かを、キャディやコーチがいろんな角度から見ます。目標のラインに対して体のラインがかぶっていないかをショットごとにチェックする。自分が目標を向いていたら、その時点で右を向いているということですから、そうならないようスクエアに立ってもらいます。練習日にはこの作業をリラックスして行っている人が多い。アドレスの向きはスイングにも影響しますから、まずは真っすぐ向くことが不可欠なのです。アマチュアの方の場合、朝の練習場ではこのチェックは必要です。

リラックスして打つせいか、練習日は飛距離が出ます。ほとんどのプロがワンクラブ違うといっても過言ではないほど。加えて、練習日のプロは本当にゴルフがうまい（!?）。150ヤードをピンに向かって打ってと頼んだら、ほとんどの人が打てます。ま、そこに打てない人はツアーに出てきていないのですが……。いずれにしても練習日のプロは本当にスゴいので、練習日に入場できる試合があったら観に行ってください。

ラウンド前に知っておきたい

格言 43

パット練習では全力で距離感を出す

日本のグリーンはベントとコーライに大別されますが、やっかいなのはコーライです。絶対数が少なくて傾向がつかみづらいこともありますが、何より目がきつい。ベントも芝目はありますが、大抵は水の流れと一緒で、高いところから低いところへと向いている。ほぼ傾斜どおりに目が行っており、それによってボールが跳ねたりすることは、ほとんどありません。

これに対し、コーライは葉が厚くて硬いため目が強く、それが高じて表面が荒れているようになってボールがよれたり跳ねたりします。打ち方のコツがあるとすれば、ラインを消すイメージで強めに打つこと。コーライグリーンには、このキーワードを胸に対峙するしかないと思います。

キャディにとっての救いは、ヤーデージブックにとても正確なデータが載っていること。2024年からは一部のツアーでグリーンリーディングの資料の使用が制限されていますが、すべてのグリーンの細かい傾斜まで詳しく書き込まれています。

しかし、詳細なデータがあっても読みきれないのがグリーン。打つ側との兼ね合いがあるとはいえ、それだけ難しいということです。同一コースで行われる試合のヤーデージブックは、使えるところまで使うのが基本です。そのため過去3年間くらいのピン位置は、パットは距離感（タッチ）が命。アマチュアの方の場合、距離感だけ合っていればいいと思います。ですから、スタート前の練習ではタッチを合わせるだけでいい。ロングパットはタッチが合うまでやってからティイングエリアに向かいましょう

パットの練習で大切なこと

↓

タッチを合わせること

↓

ジャストタッチより強めが基本

一冊のヤーデージブックに残っています。それでピンを切りそうな場所は大体わかりますから、練習ではそこに携帯用のカップホルダー（擬似カップ）を置いて打ってもらいます。ちなみに、本戦では翌日のピン位置をマーキングしてあることがあるので、それも事前にチェックしておきます。

「パットで一番大事なことは何ですか？」とプロに聞くと、人によっていろいろな答えが出てきますが、**パット巧者からはおおむね「タッチ」という答えが返ってきます。**これに対し、あまりうまくない人は「ストローク」とか「ヘッドを真っすぐ引いて、真っすぐ出す」といった技術的なことを口にします。この傾向は、パットはテクニックも必要だけれど、試合になったら関係ないということを如実に表していると思います。

タッチとは距離感。当然のことながら、これが合わないことにはラインが読めません。ワンカップスライスと読んでも、タッチが強ければそんなには曲がらず、弱ければ届かない。**タッチが出てこそのライン読みというわけです。**タッチの出し方も人によりけりですが、**ジャストタッチよりもやや強めが基本。**20～40センチオーバーくらいのタッチがあるとボールがカップに消える確率がアップすると思います。

ラウンド前に知っておきたい

格言 44

実力者ほどルーティンを崩さない

2014年に藤田寛之プロのキャディをやらせていただき「つるやオープン」では優勝できました。今、藤田プロはシニアのトッププロですが、体も大きくはなく、飛ばし屋でもありません。それなのに強い。とりわけアプローチとパットは秀逸です。でも、それ以外にも何か強い理由があるはずだと思い、当時、勉強させてもらうつもりで、ほか2試合でバッグを担がせていただきました。

そのときに気づいたことの一つに**ルーティン**があります。ゴルフでは「アドレスに入るときから打つまでの動作をいつも一定にする」という意味で、ルーティンの大切さが説かれますが、私が藤田プロを見て気づいたのは、**ゲームをスタートするにあたってのルーティン**でした。

トーナメントの決勝ラウンドは下位の選手からスタートするので、上位選手ほどスタートが遅くなります。そのぶん時間に余裕ができますから、上位のプロは早めにコースに来て練習時間を長めにとったりしますが、これがマイナスに作用することがあります。特に若手や優勝経験がない選手は時間をもて余してしまう。その間ずっとそわそわしていたら、いいラウンドは望めません。かといって練習しすぎるのもよくない。プロは練習から集中しますから、やりすぎると疲れて、ラウンドで集中力が散漫になります。

もぞもぞ
もぞもぞ
PAR4 371y No8
タイム！
え
なんですかタイムって？
すみません Bさんがずいぶん迷っていたようなので
ハイ そのとおりです
実はボールが近く見えて変な感じしてまして…
そんなときは迷わずアドレスを解いてください
わかりました！
だめだめ
入り直すときは完全にリセットして
目標確認をするところからやり直しましょう
面倒くさがらずいつものルーティンを繰り返すことが
ショットを成功させる秘訣です
ハイ！
なるほど…
ナイッショー！！

藤田プロの試合のとき、3日目に最終組の2組前でスタートしたことがありました。スタート時間はゆっくりめで昼近かったですが、藤田プロがクラブハウスから出てきたのは予選と同じタイミング。スタートのきっちり1時間前でした。

よくよく考えると、かつて6年間キャディをやらせていただいた谷口徹プロもそうでした。谷口プロは藤田プロよりちょっと遅めで、スタートの40～45分くらい前に出てきました。初日だろうが、最下位で予選を通過したときだろうが、優勝争いをしている最終日だろうが変わらなかったのです。

それもあり、それまでは出てくる時間がまちまちだったイ・ボミプロに、毎試合1時間くらい前に出てみようと進言しました。すぐにはできませんでしたが、慣れてくると時間を調節できるようになりました。

そのせいかどうかはわかりませんが、以前に比べてリラックスし、いいリズムでスタートできるようになりました。目に見えて効果が出たのは、朝イチのティショットでミスがなくなったこと。みなさんも是非、自分なりの出方を見つけてみてください。

Column

黄金世代は息子と同級生。プロゴルファーでもやっぱりZ世代です

プロキャディ生活も30年に迫る昨今では、バッグを担ぐプロたちがずいぶんと若くなりました。キャディとして初めて賞金女王を経験させてもらい、2024年にツアー活動休止を発表した上田桃子プロでさえ年齢は私よりひとまわり下。1998年生まれの、いわゆる黄金世代ともなると息子と同級生ですから、まさに親子ほどの年齢差があります。

当然のごとく、話は合いません。それでもなんとかなっているのはゴルフ以外の話はほぼしないから。もちろん「昨夜はなにを食べたの？」とか､地方に行ったときにはプロのほうから「おいしいお店、知りませんか？」といった話題が出ることはありますが、女子プロの多くが20代前半。なにを食べてもおいしく、質より量のお年頃。アスリートですからなおさらです。

かつては地方に行くと、楽しみは食べることだけ。左党《さとう》（大酒飲み）の人も多かったので一緒に飲み食いすることもありましたが、今は一人の時間を大切にする子が多い。ラウンド後はすぐホテルに帰り、ゆっくりお風呂に浸かってスマホをいじったり、ウーバー・イーツを利用する人もいます。プロゴルファーとはいえ、やはりZ世代なんですね。

まあ、キャディとしてはプロがいい成績を収めてくれることが一番ですから、何ら不都合はありませんが。

【著者】**清水重憲**（しみず　しげのり）

1974年生まれ。大阪府出身、近大卒。男女プロゴルファーの優勝をアシストしてきたプロキャディ。優勝回数は40勝。韓国人美人プロのイ・ボミ選手とキャディ契約、参戦していたのは有名。2015年は、イ・ボミプロは7勝し、日本ツアー賞金女王、男女日本ツアー最高獲得賞金達成へと導き、そのころから〝優勝請負人〟と呼ばれている。著書は『プロゴルファーも知らない優勝請負人キャディのシークレット・メモ』『優勝請負人キャディの最強マネジメント術 プロのゴルフ アマのゴルフ』『優勝請負人キャディが教えるプロの攻め アマの攻め実践編』（以上主婦の友社）、『ゴルフ セルフプレー時代の超一流キャディのアドバイス』（河出書房新社）他。

【STAFF】
構成／岸和也
写真／圓岡紀夫
マンガ／A子
協力／裾野カンツリー倶楽部、武井壮、テレビ大阪
デザイン・DTP／清水洋子
編集／菊池企画
企画プロデュース／菊池真
編集担当／佐々木亮虎

撮影協力コース／
裾野カンツリー倶楽部（静岡県）

＊本書は、『プロゴルファーも知らない優勝請負人キャディのシークレット・メモ』『優勝請負人キャディの最強マネジメント術 プロのゴルフ アマのゴルフ』『優勝請負人キャディが教えるプロの攻め アマの攻め実践編』（以上主婦の友社）を再構成し、加筆したものです。

優勝請負人《ゆうしょううけおいにん》キャディが教《おし》えるゴルフ格言《かくげん》

2025年3月31日　第1刷発行

著　者　清水重憲《しみずしげのり》
発行者　大宮敏靖
発行所　株式会社主婦の友社
〒141-0021　東京都品川区上大崎3-1-1 目黒セントラルスクエア
電話　03-5280-7537（内容・不良品等のお問い合わせ）
049-259-1236（販売）
印刷所　大日本印刷株式会社
　ISBN978-4-07-461356-4

●本のご注文は、お近くの書店または主婦の友社コールセンター（電話0120-916-892）まで。
※お問い合わせ受付時間　月～金（祝日を除く）　10：00 ～ 16：00
※個人のお客さまからのよくある質問のご案内　https://shufunotomo.co.jp/faq/